Wolfgang Endres

Lerntrainer Motivation

5. bis 9. Klasse

50 Schritte zu mehr Lust am Lernen

Wolfgang Endres, Pädagoge und Referent in der Lehrerfortbildung, ist Gründer des »Studienhauses am Dom« in St. Blasien. Er hat die »Endres-Lernmethodik« entwickelt und ist Autor und Herausgeber zahlreicher Publikationen bei Beltz.

Lektorat: Jürgen Hahnemann

www.beltz.de
Herstellung, Innengestaltung und Satz: Sarah Veith
Reihengestaltung: glas ag, Seeheim-Jugenheim
Umschlaggestaltung: Sarah Veith
Umschlagabbildung und Illustrationen: Dorothee Mahnkopf
Druck: Beltz Grafische Betriebe, Bad Langensalza
Printed in Germany

ISBN 978-3-407-38513-0

Inhalt

Gebrauchsanweisung 5

»Das musst du unbedingt ...« 6
Eine kleine Vorübung 7
Anleitung: So findest du dein Motivationsprofil 8

Motivations-Check 9

Drinhalt 10
Mein Motivationsprofil 12
Lösungen 98

Auswertung 99

Vorbereitung der Auswertung 100
Konkret zur Auswertung 101
So findest du deine besten Lernwege 103

Lehrer-Info: Der Motivations-Check im Unterricht 113

Literatur 118

Gebrauchsanweisung

Vermutlich waren es Chinesen, die schon vor mehreren Tausend Jahren entdeckt haben, dass sich bestimmte Metallteile wie von Geisterhand bewegt immer wieder nach Norden ausrichten. Durch diese Entdeckung wurde der Kompass erfunden. Erst im 12. Jahrhundert fand der Kompass seinen Weg nach Europa. Doch warum die Magnetnadeln immer nach Norden zeigen, wusste man noch nicht. Vor ungefähr 500 Jahren fand ein Forscher heraus, dass bestimmte Metalle vom Nordpol angezogen werden, weil die Erde selbst ein riesiger Magnet ist – mit einem Nordpol und einem Südpol.

Dank dieser Entdeckung hatten die Seefahrer eine bessere Orientierung, wenn sie die Welt umsegelten. Der Kompass war eine wichtige Voraussetzung dafür, dass man See- und Landkarten der Erde anfertigen konnte. Ohne diese Karten gäbe es heute kein GPS, wie das satellitengesteuerte System zur Ortsbestimmung heißt.

Dieser Lerntrainer will dir ebenfalls Orientierung geben. Er enthält so etwas Ähnliches wie Lernlandkarten, auf denen du deiner Motivation nachspüren kannst. Er zeigt dir verschiedene Lernwege, die zu dir und deinem Motivationsprofil passen. Wie das geht und wie du deinen Motivations-Check auswertest, steht auf den Seiten 8 und 99. Aber welchen der vorgeschlagenen Wege du nehmen willst, kannst und sollst du selbst entscheiden. Auch ein Kompass oder Navi nimmt dir den Weg nicht ab – gehen oder fahren musst du ihn selber.

Dieser Lerntrainer hat nicht einmal Satellitentechnik, aber er kann dich trotzdem zielsicher zu deinen Lernwegen führen. Ich wünsche dir mit diesem »Navi aus Papier« allzeit gute Fahrt. Viel Spaß auf deiner Entdeckungsreise zu deinem Motivationstyp!

Wolfgang Endres

»Das musst du unbedingt ...«

Angenommen, du bist hellauf begeistert von einem Film, einer TV-Sendung, einem Musiktitel oder einer Veranstaltung. Das willst du wahrscheinlich deinen Freunden mitteilen. Im Gespräch, per Handy, SMS oder Facebook schwärmst du vielleicht mit Begriffen wie

- genial
- phänomenal
- sensationell
- stark
- irre gut
- krass
- wahnsinnig ...

Manchmal ergänzt du noch: »Das musst du unbedingt sehen!« oder »Das musst du unbedingt hören!«, denn du möchtest andere mit deiner Begeisterung anstecken.

Was dir gefällt, muss der andere nicht unbedingt auch toll finden. »Du musst unbedingt ...« ist zwar Ausdruck deiner Begeisterung, aber nur bedingt als Formel geeignet, damit der Funke überspringt. Deshalb ist es heikel, andere mit tollen Tipps zu versorgen, was, wie und warum sie dieses oder jenes tun müssen. Das gilt auch für die folgenden Sätze:

- »Du musst ein Ziel haben!«
- »Du musst dich in Selbstdisziplin üben, wenn du dein Ziel erreichen willst!«
- »Du musst dein Bestes geben!«

»Du musst ...!« – das sind kurze Befehlssätze. So ein Satz *kann* zur Motivationsförderung sehr hilfreich sein. Aber er *muss* es nicht. Vielleicht brauchst du ganz andere Impulse, dass es bei dir funkt(ioniert):

»Es gibt Schlösser, zu denen mein Schlüssel nicht passt.« *(Manès Sperber)*

Deshalb findest du in diesem Buch keine Anweisungen, was du unbedingt oder »auf Kommando« tun musst, um deine Motivation zu steigern. Stattdessen bekommst du 50 »Checkpoints« zur Auswahl – das sind praktische Lerntipps und kleine Lernexperimente. Du kannst sie ausprobieren oder einschätzen und deine persönliche Bewertung abgeben. So testest du deine Motivation und entdeckst nach und nach dein persönliches »Motivationsprofil«. Daran kannst du gut ablesen, wie du deine Motivation steigern kannst.

Eine kleine Vorübung

Der Motivations-Check ist auch wie ein Instrument, mit dem du in dich hineinhorchen kannst. Dabei »hörst« du wahrscheinlich etwas über deine Fähigkeiten, die du so noch gar nicht bei dir entdeckt hast. Dieses Hören ist natürlich nicht wörtlich zu verstehen. Es soll mehr ein Spüren und Fühlen sein, bei dem du sinngemäß sagen kannst: »Das hört sich gut an!« Du sollst also hauptsächlich Positives über dich erfahren.

Notiere im Folgenden Stichwörter, die dir zu diesen Themen einfallen. Welche Antwort »hört« sich gut an?

Meine drei Lieblingsfächer

____

____

____

Ich bin stolz auf

____

____

____

Mein schönstes Erfolgserlebnis

→ in dieser Woche:

____

____

→ im letzten Monat:

____

____

→ im letzten Jahr:

____

____

→ überhaupt:

____

____

Natürlich hängt deine Motivation auch davon ab, was du von anderen über dich hörst, was andere über dich sagen. Was, glaubst du, würden andere auf die Fragen über dich auf der nächsten Seite antworten? (Oder lässt du sie schon direkt von einer Freundin oder einem Freund beantworten?)

→ Sie/Er kann besonders gut ...

→ Sie/Er macht im Unterricht ...

→ Sie/Er ist besonders motiviert, wenn ...

→ Sie/Er hilft ...

Anleitung: So findest du dein Motivationsprofil

»Eine schwierige Aufgabe oder unangenehme Situation gemeistert zu haben ist die beste Motivation, eine neue Herausforderung anzunehmen. Ein Problem bereitet zunächst einmal Unbehagen. Es ist aber ein schönes Gefühl, ein Problem lösen zu wollen.«

Nimm Stellung zu dieser Aussage, indem du in der Tabelle unten die Aussage ankreuzt, die für dich am ehesten zutrifft. Nach diesem Muster kannst du auch alle folgenden Lerntipps, Motivationsgeschichten und Lernexperimente bearbeiten. Es gibt keine festgelegte Reihenfolge. Wenn überhaupt eine Empfehlung, so gibt es nur diese: pro Tag nur eine Übung, pro Woche aber mindestens zwei. Im »Drinhalt« auf Seite 10–12 kannst du dir notieren, welche Checkpoints du schon bearbeitet hast. Die Auswertung findest du dann auf Seite 99.

☑		Meine Meinung
☐	L	Dieser Aussage stimme ich grundsätzlich zu. Aber es kommt auf das Problem an.
☐	W	Das sind nur fromme Sprüche.
☐	K	Ich lasse mir lieber etwas einfallen, wie ich einer schwierigen Aufgabe aus dem Weg gehe.
☐	S	Ich fange erst mit der Arbeit an, wenn ich einen Lösungsweg sehe.
☐	I	Wenn ich vor einem Problem stehe, überlege ich, wer mir bei der Lösung helfen kann.

Motivations-Check

Dein Trainingsplan

In dem Inhaltsverzeichnis »Drinhalt« auf den nächsten drei Seiten siehst du das komplette Programm deines Lerntrainers. In welcher Reihenfolge du die einzelnen Checkpoints bearbeitest, kannst du nach Lust und Laune entscheiden.

Wichtig ist nur, dass du einen guten Überblick behältst. Deshalb trage in der Spalte »bearbeitet am« das Datum ein, an dem du eine Motivationsgeschichte bearbeitet oder eine Übung erledigt hast.

Markiere in den Spalten von L bis M die Kästchen, die du bei dem betreffenden Checkpoint angekreuzt hast. Am Ende deines Trainingsprogramms zählst du zusammen, wie oft du jeden Buchstaben markiert hast.

Wenn du mindestens 40 Checkpoints bearbeitet hast, kannst du in der Auswertung auf Seite 99 ff. nachschauen, was dein Motivations-Check dir gebracht hat.

Drinhalt

Das steckt in diesem Motivations-Check drin. Deshalb heißt diese Übersicht einfach »Drin halt!«. Hier kannst du abhaken, welche Tests du wann bearbeitet hast:

☑	Checkpoint		bearbeitet am:	L	O	S	Y	K	R	I	N	W	M
❑	[01]	Ein Selbstgespräch mit Fragezeichen		❑	❑	❑	❑	❑	❑	❑	❑	❑	❑
❑	[02]	Mein Erfolgsrezept		❑	❑	❑	❑	❑	❑	❑	❑	❑	❑
❑	[03]	Der Halo-Effekt		❑	❑	❑	❑	❑	❑	❑	❑	❑	❑
❑	[04]	Motivationsprofile in der digitalen Welt		❑	❑	❑	❑	❑	❑	❑	❑	❑	❑
❑	[05]	Augenblicke		❑	❑	❑	❑	❑	❑	❑	❑	❑	❑
❑	[06]	Mittel gegen Prüfungsangst		❑	❑	❑	❑	❑	❑	❑	❑	❑	❑
❑	[07]	Lerntipps – Runde A		❑	❑	❑	❑	❑	❑	❑	❑	❑	❑
❑	[08]	Macht Kaugummi schlau?		❑	❑	❑	❑	❑	❑	❑	❑	❑	❑
❑	[09]	Der Durchstarter-Preis		❑	❑	❑	❑	❑	❑	❑	❑	❑	❑
❑	[10]	Lerntipps – Runde B		❑	❑	❑	❑	❑	❑	❑	❑	❑	❑
❑	[11]	Im Windkanal		❑	❑	❑	❑	❑	❑	❑	❑	❑	❑
❑	[12]	Mit Hand und Fuß		❑	❑	❑	❑	❑	❑	❑	❑	❑	❑
❑	[13]	Vokabeluntersuchung		❑	❑	❑	❑	❑	❑	❑	❑	❑	❑
❑	[14]	Hohe Wissenschaft		❑	❑	❑	❑	❑	❑	❑	❑	❑	❑
❑	[15]	Lerntipps – Runde C		❑	❑	❑	❑	❑	❑	❑	❑	❑	❑
❑	[16]	Auf die Stirn geschrieben		❑	❑	❑	❑	❑	❑	❑	❑	❑	❑
❑	[17]	Ein ungewöhnlicher Hörtest		❑	❑	❑	❑	❑	❑	❑	❑	❑	❑

☑	Checkpoint		bearbeitet am:	L	O	S	Y	K	R	I	N	W	M
❑	[18]	Wahrscheinlich eine Rangordnung		❑	❑	❑	❑	❑	❑	❑	❑	❑	❑
❑	[19]	Schwere Bücher		❑	❑	❑	❑	❑	❑	❑	❑	❑	❑
❑	[20]	Ein Fehlgriff nach dem anderen		❑	❑	❑	❑	❑	❑	❑	❑	❑	❑
❑	[21]	Lerntipps – Runde D		❑	❑	❑	❑	❑	❑	❑	❑	❑	❑
❑	[22]	Das Düsentriebwerk		❑	❑	❑	❑	❑	❑	❑	❑	❑	❑
❑	[23]	Stromlinienförmiges Design		❑	❑	❑	❑	❑	❑	❑	❑	❑	❑
❑	[24]	Auf der Geldwaage		❑	❑	❑	❑	❑	❑	❑	❑	❑	❑
❑	[25]	Penspinning		❑	❑	❑	❑	❑	❑	❑	❑	❑	❑
❑	[26]	Die Zeitachse		❑	❑	❑	❑	❑	❑	❑	❑	❑	❑
❑	[27]	Unsinn mit Logik		❑	❑	❑	❑	❑	❑	❑	❑	❑	❑
❑	[28]	Der schönste erste Satz		❑	❑	❑	❑	❑	❑	❑	❑	❑	❑
❑	[29]	Schillers neue Glocke		❑	❑	❑	❑	❑	❑	❑	❑	❑	❑
❑	[30]	Alles Banane		❑	❑	❑	❑	❑	❑	❑	❑	❑	❑
❑	[31]	Regenschirm-Musik		❑	❑	❑	❑	❑	❑	❑	❑	❑	❑
❑	[32]	Gedankenspiele		❑	❑	❑	❑	❑	❑	❑	❑	❑	❑
❑	[33]	Das Summenspiel		❑	❑	❑	❑	❑	❑	❑	❑	❑	❑
❑	[34]	Zahlen zählen		❑	❑	❑	❑	❑	❑	❑	❑	❑	❑
❑	[35]	Illusionen mit Drehzahlmesser		❑	❑	❑	❑	❑	❑	❑	❑	❑	❑
❑	[36]	Die Lochlupe		❑	❑	❑	❑	❑	❑	❑	❑	❑	❑
❑	[37]	Wirklich wichtig		❑	❑	❑	❑	❑	❑	❑	❑	❑	❑
❑	[38]	Doppelt sehen		❑	❑	❑	❑	❑	❑	❑	❑	❑	❑

☑	Checkpoint		bearbeitet am:	L	O	S	Y	K	R	I	N	W	M
☐	[39]	Entscheidungstraining mit der Suchmaschine		☐	☐	☐	☐	☐	☐	☐	☐	☐	☐
☐	[40]	Clevere Fragen		☐	☐	☐	☐	☐	☐	☐	☐	☐	☐
☐	[41]	Kopf oder Zahl?		☐	☐	☐	☐	☐	☐	☐	☐	☐	☐
☐	[42]	Daumen-Weltrekord		☐	☐	☐	☐	☐	☐	☐	☐	☐	☐
☐	[43]	Aufschieberitis – eine Krankheit?		☐	☐	☐	☐	☐	☐	☐	☐	☐	☐
☐	[44]	Einfache Zielobjekte		☐	☐	☐	☐	☐	☐	☐	☐	☐	☐
☐	[45]	Richtige Reihenfolge		☐	☐	☐	☐	☐	☐	☐	☐	☐	☐
☐	[46]	Punkte im Flow		☐	☐	☐	☐	☐	☐	☐	☐	☐	☐
☐	[47]	Der Ball ist rund		☐	☐	☐	☐	☐	☐	☐	☐	☐	☐
☐	[48]	Fehler in vier Stufen		☐	☐	☐	☐	☐	☐	☐	☐	☐	☐
☐	[49]	Unmögliche Figuren		☐	☐	☐	☐	☐	☐	☐	☐	☐	☐
☐	[50]	Planking and Owling		☐	☐	☐	☐	☐	☐	☐	☐	☐	☐

Mein Motivationsprofil

Anzahl **L** ____________ Anzahl **O** ____________ gesamt **L + O** ____________	Anzahl **K** ____________ Anzahl **R** ____________ gesamt **K + R** ____________	Anzahl **W** ____________ Anzahl **M** ____________ gesamt **W + M** ____________
Anzahl **S** ____________ Anzahl **Y** ____________ gesamt **S + Y** ____________	Anzahl **I** ____________ Anzahl **N** ____________ gesamt **I + N** ____________	→ Mindestens 40 Checkpoints bearbeitet? Dann geht's mit der Auswertung auf Seite 99 weiter.

[01] Ein Selbstgespräch mit Fragezeichen

»Das packe ich!« Sich selbst mit solchen klaren Impulsen anzuspornen gilt als Erfolgsrezept der Motivationspsychologie: Auf diese Weise erreiche man seine Ziele leichter und schneller.

Die Motivationsforscherin Dolores Albarracin von der University of Illinois hat diese Erfolgsformel infrage gestellt – im wahrsten Sinne des Wortes: »Packe ich das?« Diese Frage (mit sich im Selbstgespräch) könne manchmal erfolgversprechender sein.

Sie hat das in einem Experiment herausgefunden: 50 junge Probanden (Versuchspersonen) sollten unter Zeitdruck aus zehn Wörtern Anagramme bilden, das heißt die Buchstaben eines Wortes untereinandersetzen und mit jedem Buchstaben als Anfangsbuchstaben ein neues Wort bilden. Nach Möglichkeit sollen die neuen Wörter, der Reihe nach gelesen, einen vollständigen (mehr oder weniger sinnvollen) Satz ergeben – zum Beispiel:

M it
O ptimismus
T rage
I ch
V iele
A ussagen
T atsächlich
I mmer
O rdentlich
N ach

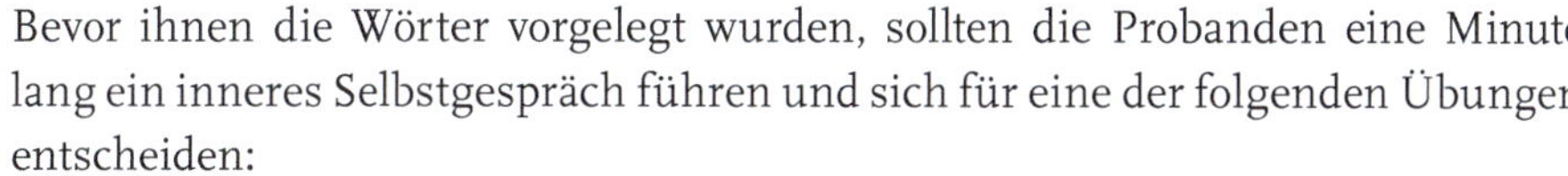

Bevor ihnen die Wörter vorgelegt wurden, sollten die Probanden eine Minute lang ein inneres Selbstgespräch führen und sich für eine der folgenden Übungen entscheiden:

a) Sage dir: Das packe ich!
b) Frage dich: Schaffe ich das wohl?

Danach hatten sie drei Minuten Zeit, die Anagramme zu bilden. Und siehe da: Die Gruppe B mit dem Fragesätzchen schnitt deutlich besser ab.

Das Fazit von Dolores Albarracin: »Geht es um spezifische Aufgaben, ist diese Form der Motivation besser geeignet, um das Ziel zu erreichen« (Albarracin/Senay 2010).

☑		Meine Meinung
❑	I	Ich würde wahrscheinlich zur Gruppe A gehören: »Das packe ich!«
❑	N	Über diese Ergebnisse würde ich gerne mit anderen diskutieren.
❑	L	Ich würde das Selbstgespräch in einer Variante C führen: »Schaffe ich das? – Ich versuche es!«
❑	O	Über dieses Experiment würde ich mich gerne ausführlicher informieren.
❑	S	Das Fazit überzeugt mich nicht.
❑	Y	Das Testergebnis würde ich akzeptieren, wenn mindestens 500 Probanden mitgemacht hätten.
❑	W	Für solche Sachen ist mir die Zeit zu schade.
❑	M	Ich halte grundsätzlich nichts von solchen Psychotests.
❑	K	Ich werde das einmal bei einer schwierigen Hausaufgabe testen.
❑	R	Ich erstelle ein Anagramm mit meinem Vornamen und finde zu jedem Buchstaben eine (zu mir passende) Eigenschaft. **Zum Beispiel:** **P** ünktlich **A** usdauernd **U** nparteiisch **L** ustig

[02] Mein Erfolgsrezept

Wenn ich ein Ziel erreicht habe, genieße ich das Erfolgserlebnis. Das motiviert zum Weitermachen. Damit ich auch beim nächsten Mal mein persönliches »Erfolgsrezept« einsetzen kann, schaue ich mir den Weg noch einmal an, auf dem ich zum Ziel gekommen bin. Diese Fragen helfen mir dabei:

1. Habe ich mein Ziel ganz alleine geschafft oder haben mir andere geholfen? Wenn ja, wer?
2. Ist es mir leichtgefallen, mein Ziel zu erreichen, oder musste ich hart dafür kämpfen?
3. Hat sich der Aufwand gelohnt? Wo hätte ich vielleicht mehr tun müssen? Wo habe ich sogar des Guten zu viel getan?
4. Es lohnt sich, über das Erreichte nachzudenken. Was möchte ich beim nächsten Mal wieder genauso machen und was würde ich anders machen?

☑		Meine Meinung
❑	L	Von Zeit zu Zeit denke ich gerne darüber nach, wie ich mein Ziel erreicht habe.
❑	O	Damit ich mein Ziel nicht aus den Augen verliere, frage ich mich immer wieder: Warum mache ich das?
❑	S	Die Frage 3 halte ich für besonders nützlich.
❑	Y	Zu Frage 4 lege ich eine Tabelle mit zwei Spalten an: Wieder genauso machen – Anders machen.
❑	K	Mir fehlt in dieser Liste der Punkt »Wie habe ich den Erfolg gefeiert?«
❑	R	Zu meinem persönlichen Erfolgsrezept gehört noch etwas ganz anderes, nämlich:
❑	I	Ich würde meinen Erfolg erst einmal meinen Freunden mitteilen.
❑	N	Zur Frage 1 würde ich gleich notieren, wer mir auf dem Weg zum Ziel geholfen hat.
❑	W	Was soll der ganze Stress?!
❑	M	Die Fragen sind höchstens für Streber interessant.

[03] Der Halo-Effekt

»Halo«, das ist kein Schreibfehler! Halo bedeutet so etwas wie »Heiligenschein«. Wie der Halo-Effekt wirkt, kannst du an folgendem Beispiel testen:

Wie sympathisch ist dir eine Person, von der du weißt, dass sie folgende Eigenschaften hat:
A. fleißig, hilfsbereit, ehrgeizig, mutig, durchsetzungsfähig, entschlossen, kompetent

Hier deine Bewertung:
❑ sehr sympathisch ❑ weniger sympathisch ❑ unsympathisch

Und wie sympathisch ist dir eine Person, von der du weißt, dass sie diese Eigenschaften hat:
B. fleißig, egoistisch, ehrgeizig, mutig, durchsetzungsfähig, entschlossen, kompetent

Hier deine Bewertung:
❑ sehr sympathisch ❑ weniger sympathisch ❑ unsympathisch

Vermutlich findest du Person A sympathischer als Person B. Vielleicht sogar viel sympathischer?

Ein einziges Merkmal (bei A: hilfsbereit) wirkt so stark, dass die anderen Merkmale dieser Person in den Hintergrund gedrängt werden. Außerdem werden die anderen Eigenschaften dieser Person unter diesem Eindruck eingeschätzt.

Person B hat fast alle Eigenschaften von Person A. Nur »hilfsbereit« ist gegen »egoistisch« ausgetauscht. Wir beurteilen ein ganz bestimmtes Merkmal oder eine bestimmte Verhaltensweise positiv oder negativ. Die Überstrahlung bewirkt, dass wir alle anderen Merkmale oder Verhaltensweisen ebenso positiv (oder eben negativ) beurteilen.

Das Auftreten des Halo-Effektes wird gefördert, wenn das Urteil besonders schnell gefällt wird.

Der Halo-Effekt kann auch in einem Fragenkatalog auftreten. Einzelne Fragen können andere »überstrahlen«. Wenn beispielsweise die vorhergehende Frage bestimmte Gedanken oder Gefühle auslöst, kann dies Auswirkungen auf die Antwort der nächsten Frage haben.

Auf der Suche nach deinem Motivationsprofil kannst du dich vor dem Halo-Effekt dadurch schützen, dass du die verschiedenen Aussagen nicht der Reihe nach liest, sondern sie dir beim Ankreuzen »kreuz und quer« vornimmst.

☑		Meine Meinung
❑	L	Der Halo-Effekt ist für mich ein Aha-Effekt. Das habe ich so nicht gewusst.
❑	O	Ich frage mich, ob dieser Effekt auch bei Mobbing eine Rolle spielt.
❑	K	Der Halo-Effekt zeigt mir ganz neue Perspektiven im Blick auf Vorurteile.
❑	R	Ich möchte einmal untersuchen, ob ich eigene Beispiele für den Halo-Effekt finde.
❑	S	Nach dem Halo-Effekt möchte ich gerne noch stöbern, zum Beispiel auf der Seite www.soft-skills.com/sozialkompetenz/menschenkenntnis/halo/effekt.php.
❑	Y	Ob der Effekt genauso bei der Bewertung von Sachen (Film, Musik, Buch, Internet, Mode) auftritt?
❑	I	Da mache ich mal eine kleine Umfrage bei meinen Freunden: »Hallo, wer kennt den Halo-Effekt?«
❑	N	Auf mein Gefühl kann ich mich ziemlich gut verlassen. Das will ich mir durch solche »Effekte« nicht nehmen lassen.
❑	W	Das ist ziemlich wirres Zeug.
❑	M	So schnell lasse ich mich nicht beeinflussen.

[04] Motivationsprofile in der digitalen Welt

1. SMS-Girls Für SMS-Girls ist das Handy ihr Ein und Alles. Aber weniger zum Telefonieren als mehr zum Surfen im Internet, Musikhören oder SMS-Verschicken. Dank Flatrate haben sie mit ihrem Handy »Spaß ohne Ende«.

2. TV-Queens TV-Queens sind in den gängigen TV-Serien zu Hause. Sie verbringen viel Zeit vor dem Fernseher. Verpassen sie mal eine Episode, schauen sie sich den Film im Internet an. Zu ihren TV-Highlights gehören amerikanische Comedy-Serien.

3. Networker Networker sind mehrfach am Tag eingeloggt, ständig auf der Suche, »was gerade so läuft«. Sitzen sie nicht zu Hause am Laptop, nutzen sie unterwegs ihr Smartphone. Über Facebook sind sie immer up to date.

4. Virtual Player Virtual Player zocken täglich PC- und Konsolenspiele. Neue Sports-Games sind genauso angesagt wie das eingespielte Rollenspiel »World of Warcraft«. Sie wollen unbekannte Gebiete entdecken oder haben eine schwierige Mission zu erfüllen.

5. Story-Ladys Die Story-Ladys lesen für ihr Leben gern, vom Klassiker bis zum Krimi. Ihr Lieblingsbuch wie die Vampir-Saga »Twilight« lesen sie auch gern auf Englisch. Was ihnen besonders gefällt, teilen sie als Fans auf Facebook mit.

☑		Meinem eigenen (vermuteten) Motivationsprofil kommen am nächsten:
☐	I	SMS-Girls
☐	W	TV-Queens
☐	N	Networker
☐	K	Virtual Player
☐	S	Story-Ladys

[05] Augenblicke

Wer sich sicher fühlt, kann seinem Gegenüber in die Augen schauen. Wer daran interessiert ist, was der andere ihm erzählt, schaut ihn dabei an. An der Art, wie dir jemand in die Augen schauen kann, erkennst du sein Selbstvertrauen und seine Motivation, dir zuzuhören.

Und du kannst dein Selbstvertrauen dadurch stärken, dass du deinem Gegenüber in die Augen schaust. Das kannst du in jeder Unterrichtsstunde üben. Wenn du die Lehrerin oder den Lehrer anschaust, zeigst du ihr oder ihm dein Interesse und deine Motivation zuzuhören. Das wirkt sogar dann positiv, wenn dein Interesse gar nicht echt ist.

Es ist natürlich heikel, dir hier eine Anregung zum Heucheln zu geben. Deshalb ist es wichtig, die Empfehlung näher zu betrachten: Du schaust den *Lehrer* interessiert an, obwohl das *Thema* dich nicht interessiert. Während du dich also »scheinbar« interessierst, erwidert der Lehrer deinen Blick. In diesem Augenblick solltest du nicht wegschauen, sondern ihn erst recht anschauen! Und jetzt kommt die Überraschung: Plötzlich wird dein Interesse sogar echt! Das funktioniert zwar nicht immer, ist aber immer öfter einen Versuch wert.

☑		**Meine Meinung**
❑	L	Die Wirkung des Blickkontakts ist durch die Hirnforschung belegt.
❑	S	Ich werde einmal bei einigen Lehrern darauf achten, wie sie uns anschauen.
❑	K	Flirten fängt auch mit den Augen an.
❑	I	Wenn die Beziehung stimmt, schaue ich meinem Gegenüber gerne in die Augen.
❑	W	Ich halte mehr vom Prinzip »Augen zu und durch!«.

[06] Mittel gegen Prüfungsangst

Wenn sehr viel von der Note oder dem Prüfungsergebnis abhängt, kann das Prüfungsangst auslösen. Die Angst vor dem Versagen ist es, die oft zum Versagen führt: Diese Angst »geistert« durch den Teil des Gehirns, der für die Lösung der Prüfungsaufgaben benötigt wird. Sie überlagert einen Teil des Arbeitsgedächtnisses, die volle Kapazität steht nicht mehr zur Verfügung.

Zwei Forscher aus Chicago haben ein Mittel dagegen gefunden: direkt vor der Prüfung zehn Minuten lang über die eigenen Ängste schreiben. Sian Beilock und Gerardo Ramirez ließen 20 College-Studenten einen mathematischen Vortest ablegen, der als Datenbasis diente. Dann folgte die eigentliche Prüfung, bei der die Probanden unter einem künstlich erzeugten Leistungsdruck standen. Den Studenten wurde etwa gesagt, ihre Noten seien relevant für ein Stipendium.

Die eine Hälfte der Gruppe sollte anschließend die letzten zehn Minuten vor Prüfungsbeginn einfach nur ruhig auf ihrem Platz sitzen bleiben. Die andere Hälfte sollte ihre Gedanken, Gefühle und Ängste bezüglich der bevorstehenden Matheaufgabe aufschreiben. Das Ergebnis: Die schreibende Gruppe schnitt deutlich besser ab als die erste Gruppe.

Anschließend testeten die Forscher, ob sich der Effekt auch bei Schülerinnen und Schülern hervorrufen lässt. Das Ergebnis: Die Schüler schnitten nach dem Schreiben über ihre Angst im Vergleich zu früheren Arbeiten besser ab. Die Voraussetzung für diese Verbesserung war allerdings, dass die Schülerinnen und Schüler tatsächlich unter starker Prüfungsangst litten. Bei denjenigen, die keine Probleme mit einer Prüfungssituation hatten, trat der Effekt nicht auf.

☑		Meine Meinung
❑	O	Ich möchte gern den ausführlichen Forschungsbericht lesen: wissenschaft.de/wissenschaft/news/312716.html
❑	Y	Mich interessiert, um wie viel Prozent die Leistung durch das »Angstschreiben« gesteigert wird.
❑	R	Ich würde in den zehn Minuten vor der Prüfung lieber einen Spickzettel schreiben.
❑	N	Das möchte ich gerne einmal ausprobieren.
❑	M	Prüfungsangst – was ist das?

[07] Lerntipps – Runde A

In der Schule wird oft systematisches Arbeiten verlangt. Du musst Strukturen und Zusammenhänge erkennen. Du hast mit Tabellen und Checklisten zu tun. Findest du in der folgenden Aufstellung vielleicht ein paar Ideen, mit denen du systematisches und strukturiertes Arbeiten trainieren kannst? Kreuze die Tipps an, die dir gefallen.

☑	Lerntipp
☐	Bei der Arbeit mit dem Wörterbuch benutze ich einen Textmarker: Schlage ich ein Wort nach, markiere ich es gelb. Muss ich dasselbe Wort später noch einmal nachschlagen, übermale ich das gelbe Wort mit einem grünen Marker.
☐	Wenn ich an einer Aufgabe sitze, stelle ich mir immer wieder Fragen: Was an dieser Aufgabe kenne ich schon? Wann und wo hatte ich schon einmal eine ähnliche Aufgabe zu lösen? Wie haben wir das im Unterricht gemacht? Was könnte die Lehrerin oder der Lehrer in der nächsten Stunde dazu fragen?
☐	Ich arbeite mit der Loci-Technik, das heißt, ich teile den Lernstoff in Stichwörter auf, die ich auf einzelne Zettel oder Karteikarten schreibe. Diese platziere ich an bestimmten Orten und Gegenständen. Wenn ich dann später einen Lernspaziergang mache, merke ich, dass der Ort eine Merkhilfe für mich ist.
☐	Ich trainiere mein Zeitgefühl. Ich schätze zu Beginn einer Aufgabe, wie viel Zeit ich für die Bearbeitung wohl benötige. Anschließend vergleiche ich die geschätzte Zeit mit der tatsächlich benötigten. (Jedes Mal, wenn ich gut geschätzt habe, ist das ein richtiges Erfolgserlebnis!)
☐	Ich verschaffe mir Zeitreserven: Ich plane von Zeit zu Zeit einfach die doppelte Zeit ein.

☑		Meine Meinung
❑	S	Von den fünf Tipps kann ich mindestens drei gut gebrauchen.
❑	Y	Zwei (oder mehr) dieser Empfehlungen wende ich bereits an.
❑	L	Der zweite Tipp mit der Strategie des Fragens gefällt mir am besten.
❑	O	Ich wüsste gern, warum die Loci-Technik funktioniert.
❑	K	Der erste Tipp mit dem Wörterbuch gefällt mir am besten.
❑	R	Einer dieser Tipps bringt mich auf eine neue Idee.
❑	I	Ich würde mich gerne bei meinen Freunden umhören, wer schon gute Erfahrungen mit diesen Tipps gemacht hat.
❑	N	Wenn ich einen Tipp ausprobiert habe, bin ich gerne bereit, meine Erfahrungen mitzuteilen.
❑	W	Mit diesen Tipps kann ich nichts anfangen.
❑	M	Die Tipps habe ich nicht gelesen.

[08] Macht Kaugummi schlau?

»Kaugummikauen steigert Aufmerksamkeit und Lernleistung.« So lautete vor einigen Jahren eine sogenannte wissenschaftliche Erkenntnis, die manche Lehrer geärgert und viele Schüler erfreut hat. Die Begründung klang auch sehr plausibel: »Die Bewegung der Kaumuskulatur fördert die Gehirnaktivität, Konzentration und Gedächtnisleistung werden gestärkt.«

Doch es waren immer wieder mal Zweifel an dieser Aussage zu hören. Die Studien seien nicht nach wissenschaftlichen Grundsätzen erfolgt, und die Anzahl der Versuchspersonen sei viel zu gering gewesen. Professor Detlef H. Rost von der Universität Marburg wollte es jetzt genau wissen. Er hat fast 1.000 Schülerinnen und Schüler der 5. und 6. Klassen getestet. Er ließ sie Intelligenztests, Aufmerksamkeits-, Konzentrations- und Gedächtnisaufgaben lösen.

Das Ergebnis fasst Professor Rost so zusammen: »Sowohl hinsichtlich der Aufmerksamkeit als auch der Gedächtniskomponenten ergeben sich nur geringe Unterschiede – und zwar zugunsten der *Nichtkauer*!« (Rost 2010).

☑		Meine Meinung
☐	L	Ich bin überrascht, wie sich eine Falschmeldung als Forschungsergebnis verbreitet.
☐	S	Für oder gegen Kaugummikauen, dafür brauche ich keine Wissenschaftler.
☐	K	Wie macht man die größten Kaugummiblasen?
☐	I	Ich habe nichts gegen Kaugummikauen, aber es nervt, wo das Zeug überall klebt.
☐	N	Wer kauen will, soll kauen.
☐	W	Mein Kommentar: Blabla-blubb!

→ Übrigens …

Wusstest du, dass Kaugummi etwas mit Fahrradreifen zu tun hat? Thomas Adams, ein amerikanischer Ingenieur, wollte für eine Reifenfirma die Hartgummimischung verbessern. Er probierte es mit Baumharz. Dabei kaute er auch darauf herum, wie es die Indianer taten. Das gefiel ihm ganz prima, bis auf den Geschmack. Deshalb mischte er das Baumharz mit Zucker, Pfefferminzöl und Vanillearoma. So hat er 1869 den Kaugummi erfunden.

[09] Der Durchstarter-Preis

Erfolg hat, wer ein sehr gutes Ergebnis erzielt, zum Beispiel eine gute Note bekommen hat. Erfolg hat aber auch, wer »einfach nur« seine Leistung verbessert, selbst wenn er keine gute Note bekommen hat.

Wer in einem Unterrichtsfach zwischen »gut« und »sehr gut« steht, hat mit einer Eins in der nächsten Arbeit natürlich ein sehr gutes Ergebnis erzielt. Wer aber auf einer Fünf steht und bei der nächsten Arbeit eine Drei schafft, hat eine großartige Leistung vollbracht. Er würde den »Durchstarter-Preis« bekommen, weil er sich um zwei Noten verbessert hat. Wer das bessere Ergebnis erzielt, hat also nicht unbedingt die größere Leistung vollbracht.

Gibt es ein Fach, in dem du den Durchstarter-Preis bekommen möchtest? Wenn ja, hast du hier eine

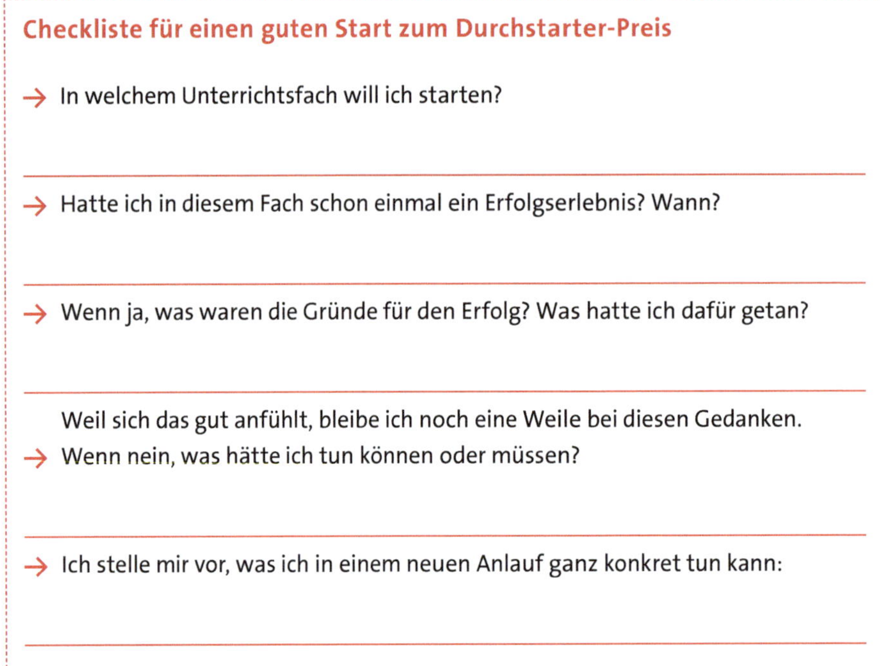

Checkliste für einen guten Start zum Durchstarter-Preis

→ In welchem Unterrichtsfach will ich starten?

____

→ Hatte ich in diesem Fach schon einmal ein Erfolgserlebnis? Wann?

____

→ Wenn ja, was waren die Gründe für den Erfolg? Was hatte ich dafür getan?

____

Weil sich das gut anfühlt, bleibe ich noch eine Weile bei diesen Gedanken.

→ Wenn nein, was hätte ich tun können oder müssen?

____

→ Ich stelle mir vor, was ich in einem neuen Anlauf ganz konkret tun kann:

____

Dieser Blick in den »Rückspiegel« war wichtig. Jetzt ist es noch wichtiger, nach vorne zu schauen. Dazu überlege ich einige Strategien, so konkret wie möglich. Hier einige Beispiele als Orientierungshilfe:

→ Vokabeln Lektion 17 und 18 wiederholen
→ Textaufgaben am Dienstag und Donnerstag mit Hilfe von Felix bearbeiten
→ Zwei Fragen für die nächste Unterrichtsstunde suchen
→ Mich in der nächsten Stunde mindestens dreimal melden
→ Mit dem Englischbuch am Montag und Mittwoch zehn Minuten »Überstunden« machen

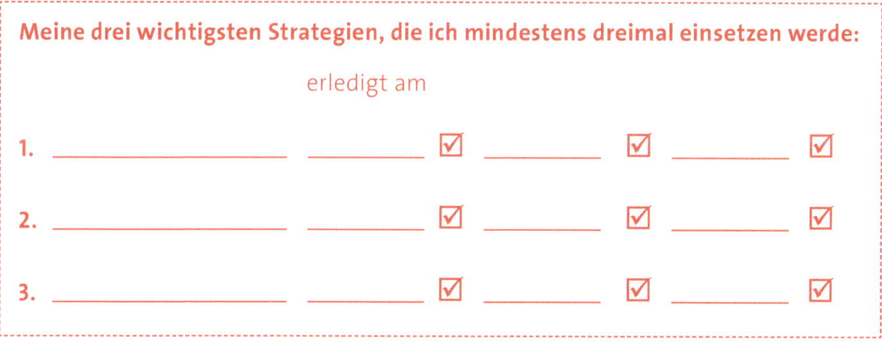

Meine drei wichtigsten Strategien, die ich mindestens dreimal einsetzen werde:

erledigt am

1. ________ ________ ☑ ________ ☑ ________ ☑

2. ________ ________ ☑ ________ ☑ ________ ☑

3. ________ ________ ☑ ________ ☑ ________ ☑

Mit neun Häkchen bist du für den Durchstarter-Preis bestens vorbereitet!

☑		Meine Meinung
❑	L	Wer schon auf Eins steht, kann den Durchstarter-Preis nie gewinnen. Das ist ungerecht.
❑	S	Wenn ich mit der Strategie Erfolg habe, schreibe ich noch eine Tabelle und drehe die nächste Runde.
❑	K	Damit ich meine Leistung steigern kann, brauche ich eine andere Idee als den Durchstarter-Preis.
❑	I	Wer hat sich in letzter Zeit um zwei Noten verbessert? Was hat die oder der dafür getan?
❑	W	Durchstarter-Preis? – Fehlzündung!

[10] Lerntipps – Runde B

Beim Lernen sollst du manchmal etwas Neues ausprobieren, ein kleines Lernexperiment wagen. So etwas kann auf den ersten Blick ziemlich komisch aussehen oder dir sogar verrückt erscheinen. Zum Beispiel, Vokabeln wegzuwerfen, um sie besser zu behalten. Hast du Spaß an solchen Lernideen? Dann findest du in der folgenden Liste bestimmt weitere Beispiele, wie du dich mit Fantasie und Kreativität zum Lernen motivieren kannst. Kreuze die Tipps an, die dir gefallen.

☑	Lerntipp
☐	Ich gehe beim Lernen auf und ab. Dabei erkläre ich mir eine komplizierte Aufgabe halblaut selbst. Heinrich von Kleist nannte diese Methode »die allmähliche Verfertigung der Gedanken beim Reden«. Und damit ich mir nicht allzu komisch dabei vorkomme, trage ich zur Tarnung ein Handy dabei.
☐	Eine Vokabel, die ich mir einfach nicht merken kann, schreibe ich auf einen Notizzettel. Ich betrachte das Wort eine Weile und beginne dann, die einzelnen Buchstaben zu verzieren. Ich male und übermale das Wort so lange, bis es vor lauter Schnörkeln nicht mehr zu erkennen ist. Den Zettel lege ich als Lesezeichen in mein Buch – und lasse mich überraschen, wie ich das Wort am nächsten Tag in diesem »Gemälde« wunderbar erkennen kann.
☐	Vokabeln lerne ich im Intervalltraining, das heißt, ich kontrolliere sie nicht sofort nach dem Lernen. Stattdessen lege ich das Buch oder Vokabelheft beiseite und mache etwas anderes, ich bearbeite zum Beispiel Matheaufgaben. Erst danach kontrolliere ich die Vokabeln oder lasse mich abfragen. Natürlich haben die Matheaufgaben einige Vokabeln gestört. Aber diese »gestörten« Vokabeln kann ich dann ganz locker nachlernen. Außerdem genieße ich dabei das Gefühl, dass ich mir blind vertrauen kann. Denn ich könnte wetten, dass ich die meisten Vokabeln ganz unverkrampft immer noch kann.
☐	Ich wähle aus einer Vokabellektion drei Vokabeln aus, die ich *nicht* behalten will. Diese schreibe ich auf einzelne Schmierzettel, zerknülle oder zerreiße sie dann – und warte ab, was passiert. Ob ich am Ende ausgerechnet diese drei Vokabeln am besten behalte?
☐	Ich bemühe mich um eine gute Aussprache im Unterricht. Das bringt mir Pluspunkte im Mündlichen. Das laute und deutliche Sprechen trainiere ich nach der »verrückten« Idee eines berühmten Redners im alten Griechenland: Für mich allein und heimlich lese ich einen Text laut und kräftig vor und habe dabei einen Weinkorken zwischen den Zähnen.

☑		Meine Meinung
❑	K	Die Tipps sind ziemlich witzig. Mindestens drei davon gefallen mir recht gut.
❑	R	Ich werde mal Vokabeln übermalen.
❑	Y	Es würde mich interessieren, wie viele Vokabeln ich nach dieser Methode locker behalte.
❑	I	Das Intervalltraining möchte ich mit einer Lernpartnerin/einem Lernpartner ausprobieren.
❑	N	Ich mache vielleicht mal eine kleine Umfrage: Wer kennt den verrücktesten Lerntipp?
❑	L	»Die allmähliche Verfertigung der Gedanken beim Reden« klingt einleuchtend.
❑	O	Warum sollen sich Gedanken beim Reden besser entwickeln als durch stilles Nachdenken?
❑	W	Mit diesen Tipps kann ich nichts anfangen.
❑	M	Die Tipps habe ich nicht gelesen.

[11] Im Windkanal

Windiges Experiment I

Material: eine leere Flasche und ein Papierschnipsel

→ Forme aus dem Papierschnipsel ein erbsengroßes Kügelchen. Nimm die leere Flasche und halte sie waagerecht vor deinen Mund. Lege das Papierkügelchen vorsichtig in die Flaschenöffnung; das Kügelchen soll aber nicht in die Flasche fallen.

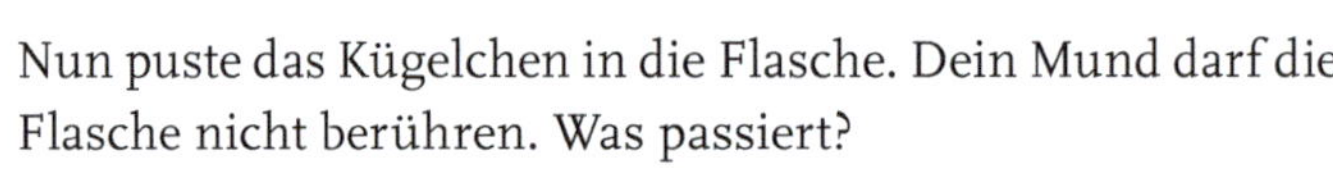

Nun puste das Kügelchen in die Flasche. Dein Mund darf die Flasche nicht berühren. Was passiert?

Windiges Experiment II

Material: zwei dickere Bücher, ein Blatt Papier

→ Lege zwei dickere Bücher flach vor dich auf den Tisch, ziemlich vorne an der Tischkante. Der Abstand zwischen den Büchern soll ungefähr eine Handbreit sein. Über den schmalen »Graben« zwischen den Büchern legst du ein Blatt Papier, wie eine Brücke auf zwei Pfeilern.

Nun setzt oder kniest du dich so vor den Tisch, dass du bequem zwischen den Büchern hindurchpusten kannst. »Auf die Plätze, fertig, los!«. Was passiert mit der »Papierbrücke«?

Erklärung I

Durch das Pusten entsteht in der Flasche ein hoher Luftdruck, vor der Flaschenöffnung aber ein Unterdruck. Durch den Druckausgleich, also den höheren Luftdruck in der Flasche, wird das Kügelchen herausgeschleudert.

Erklärung II

Im Luftstrom unter der »Papierbrücke« entsteht ein Unterdruck und der normale Luftdruck über der Brücke drückt diese nach unten. Das ist der Bernoulli-Effekt. Diesen Effekt hat nämlich Daniel Bernoulli, ein Schweizer Mathematiker und Physiker, schon vor rund 250 Jahren entdeckt: Durch das Pusten wird die Luft unter dem Papier beschleunigt. Dadurch nimmt der Luftdruck ab, und das Papier wird nach unten gezogen. Je kräftiger du bläst, desto geringer wird der Luftdruck unter dem Papier und desto stärker wird es nach unten gedrückt.

→ Übrigens ...

Nach genau diesem Prinzip wird auch die Karosserie von Rennwagen konstruiert: Durch die große Geschwindigkeit saust der Fahrtwind unter dem Auto durch. Der Rennwagen hebt aber nicht ab, sondern wird im Gegenteil auf die Straße gedrückt und so stabil auf der Straße gehalten.

☑		Meine Meinung
❑	K	Das Puste-Experiment mit der Flasche hat Spaß gemacht.
❑	R	Ich war überrascht von dem Effekt der windigen Experimente.
❑	L	Die Erklärung I zum Flaschenexperiment hat mich sehr interessiert.
❑	O	Die Erklärung II zur Papierbrücke will ich mir merken.
❑	S	Ich habe die Windgeschichte schon gekannt und das Experiment trotzdem noch einmal ausprobiert.
❑	Y	Über Daniel Bernoulli möchte ich noch mehr erfahren. Ich werde mal im Internet suchen.
❑	I	Das Flaschenpusten möchte ich noch anderen zeigen.
❑	N	Das Experiment mit der Papierbrücke zeige ich dann gleich auch noch.
❑	W	Zum Pusten hatte ich keine Lust.
❑	M	Ich habe nicht gepustet, weil ich das Experiment schon kannte.

[12] Mit Hand und Fuß

Hier geht es um eine kleine Konzentrationsübung mit Hand und Fuß: Du sitzt ganz normal an deinem Schreibtisch, hast Stift und Papier vor dir liegen, drehst mit deinem Fuß unter dem Tisch ein paar Kreise, und plötzlich kannst du deinen Namen nicht mehr schreiben. Kannst du dir das vorstellen? Probiere es aus:

→ Du drehst mit deinem Fuß Kreise unter dem Tisch, ganz gleich, ob links- oder rechtsherum. Während du schön langsam mit dem Fuß weiter deine Kreise ziehst, schreibst du deinen Namen auf das Papier.

Hast du Lust, das so lange zu üben, bis du es hinbekommst? *Leonardo da Vinci* hätte das wahrscheinlich geschafft. Er konnte mit der einen Hand schreiben und mit der anderen malen. Willst du vielleicht einmal etwas Ähnliches versuchen?

→ Mit der einen Hand schreibst du deinen Namen und mit der anderen gleichzeitig die Zahlen von 1 bis 9.

Wenn du das schaffst, bist du ein Multitasking-Talent.

☑		Meine Meinung
❑	L	Fuß und Hand benötigen so viel Konzentration, dass sie nicht beide gleichzeitig das Richtige machen.
❑	S	Die Fuß- und Beinbewegung überträgt sich in die Schrift.
❑	K	Wenn ich Fuß und Hand in die gleiche Richtung drehe, kann ich zumindest Kreise malen.
❑	I	Es würde mich interessieren, ob das jemand schafft.
❑	W	Wer durchdrehen will, soll das nur machen.

[13] Vokabeluntersuchung

Überall, wo es um Ordnung und Sicherheit geht, spielen Listen eine große Rolle. Was ich einordnen kann, ist auch besser zu begreifen und später leichter zu finden. Ein Wörterbuch ist eine »unendliche« Liste. Eine Suchmaschine im Internet liefert noch längere Listen. Oder es gibt Listen zum Vergleichen. So verschaffe ich mir einen Überblick, um mich klarer entscheiden zu können – bei Telefontarifen zum Beispiel.

Manchmal stehen Dinge nebeneinander, die man nicht miteinander vergleichen kann. Wer es dennoch versucht, wird gleich belehrt, man könne »Äpfel nicht mit Birnen vergleichen«. Aber auch dieser Vergleich hinkt. Denn manchmal möchte ich Äpfel nicht nur mit Birnen, sondern auch noch mit Bananen, Pflaumen oder Erdbeeren vergleichen. Wenn ich über den Marktplatz gehe, vergleiche ich die verschiedenen Früchte mit meinem Appetit, meinem Geldbeutel, der Haltbarkeit oder dem Verwendungszweck oder ... oder ...

So ähnlich könntest du es mit Vokabeln machen. Du legst Listen an, um sie miteinander vergleichen und besser behalten zu können. Als Erstes könntest du eine Tabelle anlegen und die Vokabeln nur nach der Länge des Wortes sortieren:

kurze Vokabeln	mittelmäßig lange Vokabeln	lange Vokabeln

Was fällt dir an diesen Wörtern auf? Welche kannst du dir besser merken? Wenn es die langen sind, könntest du die kurzen »künstlich« durch eine Eselsbrücke verlängern? Vielleicht gleich als Kombination mit der Übersetzung, zum Beispiel machst du aus *plug* (Stöpsel) den »Stöpsel-Plug« oder aus *peg* (Wäscheklammer, Haken) die »Wäscheklammer-Peg«.

Oder du könntest eine Tabelle mit verschiedenen Schwierigkeitsstufen anlegen:

Diese Wörter zu lernen, empfinde ich als

leicht	mittelmäßig	sehr schwierig

Nach einiger Zeit kannst du überprüfen, ob deine Einschätzung noch zutrifft. Oder müsstest du vielleicht einige Wörter an einen anderen Platz schieben?

☑		Meine Meinung
☐	O	Ich bin gespannt, welche Erkenntnisse ich aus dem Versuch mit den Vokabeltabellen gewinne.
☐	Y	Das ist eine interessante Idee, Vokabeln in solche Listen einzutragen.
☐	R	Ich versuche einmal, für kurze Vokabeln Eselsbrücken zu bauen.
☐	N	Es würde mich interessieren, ob irgendjemand die Idee mit den Vokabeltabellen gut findet.
☐	M	Das Vokabeltheater macht viel zu viel Arbeit, und außerdem bringt es nichts.

[14] Hohe Wissenschaft

Der amerikanische Physiker Alan David Sokal veröffentlichte 1996 einen völlig sinnlosen, aber mit wissenschaftlichen Vokabeln gespickten Artikel mit dem Titel »*Die Grenzen überschreiten: Auf dem Weg zu einer transformativen Hermeneutik der Quantengravitation*«. Anschließend erklärte er, dass er diesen Artikel als Parodie geschrieben habe.

Mit diesem Streich wollte sich Sokal über den Missbrauch wissenschaftlicher Fachbegriffe in Vorträgen, Kulturmagazinen und Zeitungsartikeln lustig machen. Mit seinem belgischen Kollegen Jean Bricmont hat Sokal ein Jahr später sogar ein ganzes Buch über das Thema »*Eleganter Unsinn*« geschrieben.

Nach diesem Muster könntest du ein lustiges Lexikonspiel erfinden. Du suchst im Lexikon einen ziemlich unbekannten Begriff, zum Beispiel Kapriole, und schreibst die Definition ab:

Kapriole
närrischer Einfall, Streich, Luftsprung

Nun erfindest du zwei weitere Definitionen dazu, die möglichst plausibel klingen. Oder du suchst im Lexikon nach Begriffen, die ganz ähnlich lauten, und schreibst diese als »Falschmeldung« ab. Diese drei Möglichkeiten bietest du zur Auswahl an. So könnte dein Rätsel oder Lexikonspiel aussehen.

Kapriole

- ❑ Blume aus der Familie der Gladiolen
- ❑ närrischer Einfall, Streich, Luftsprung
- ❑ Oldtimer mit offenem Verdeck

Parodie

- ❑ prunkvoller Aufmarsch
- ❑ Vorführung mit dem Bildwerfer
- ❑ scherzhafte Nachahmung

Logik
- ❑ Bezeichnung eines bestimmten Ortes
- ❑ Lehre vom folgerichtigen Denken
- ❑ Laufleine für Pferde, Sicherheitsleine

Oder du erfindest ein hochtrabend klingendes Wort und bietest verschiedene Definitionen an:

Perfunktionator
- ❑ ein Gerät, um Papier zu perforieren
- ❑ frei erfundener Begriff
- ❑ einer, der etwas übertrieben bis in alle Einzelheiten regeln will

☑		Meine Meinung
❑	L	Das Lexikonspiel ist eine schöne Übung, kritisch hinzuschauen, wenn etwas sehr hochtrabend klingt.
❑	S	Das ist ein gutes Training für den richtigen Gebrauch von Fremdwörtern.
❑	K	Ich lasse mir gerne Fantasiebegriffe und Definitionen einfallen, die richtig echt klingen.
❑	I	Das selbst gemachte Lexikonspiel ist ein schönes Gesellschaftsspiel.
❑	W	Auch »eleganter Unsinn« ist Blödsinn.

[15] Lerntipps – Runde C

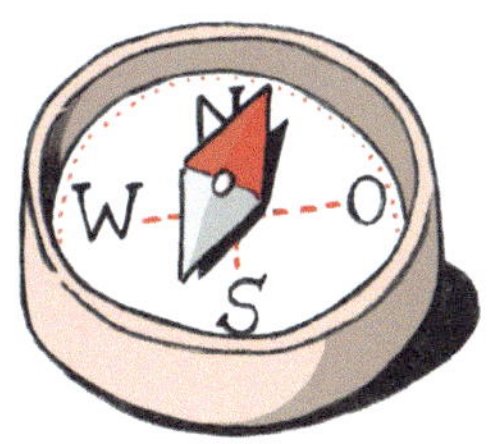

Im Unterricht wird oft logisches und abstraktes Denken gefordert, zum Beispiel bei Textaufgaben. Findest du in der folgenden Aufstellung vielleicht ein paar Ideen, mit denen du dieses Denken trainieren kannst? Kreuze die Tipps an, die dir gefallen.

☑	Lerntipp
❑	Eine Woche lang nehme ich mir für jeden Tag eine bestimmte Unterrichtsstunde vor, in der ich meine Lehrerin oder meinen Lehrer genau beobachten will. Dabei achte ich besonders auf ihre Art zu fragen. Die einen fragen nämlich auffallend oft nach Fakten, Daten, Zahlen, die anderen öfter: Warum – wieso – weshalb? Wenn ich ihr Schema entdeckt habe, kommen mir ihre Aufgaben und Fragen in der nächsten Klassenarbeit schon bekannter vor.
❑	Bei neuen Aufgaben denke ich als Erstes nach: Wo hatte ich schon einmal ein ähnliches Problem zu lösen? Erkenne ich schon an der Art der Frage die Richtung des Lösungsweges oder das Lösungsmuster?
❑	Ich setze mir möglichst oft ein klares Ziel, das ich erreichen will. Dabei prüfe ich, ob mein Ziel auch realistisch ist. Erscheint es mir zu hoch gegriffen, schraube ich meinen Anspruch zurück. Wenn ich weiß, was ich will, finde ich auch einen Weg dorthin.
❑	Ich trainiere meinen Mut zur Lücke. Dazu verteile ich zum Beispiel fünf oder sechs dicke Klebepunkte willkürlich auf einer Textseite in einer alten Zeitschrift. Danach versuche ich, diesen »Lückentext« trotzdem vollständig zu lesen. Dabei stelle ich meistens fest, dass ich den Artikel komplett verstehe. So übe ich mich in der Kunst des Weglassens.
❑	Meine Lust am Denken entfalte ich auch dadurch, dass ich anderen etwas erkläre. Während ich etwas erkläre, fällt mir auf einmal eine Lösung ein, an die ich noch gar nicht gedacht hatte. Ich könnte etwas hochtrabend auch sagen: Durch Lehren lerne ich.

☑		Meine Meinung
☐	L	Von den fünf Tipps kann ich mindestens drei gut gebrauchen.
☐	O	Zwei (oder mehr) dieser Empfehlungen wende ich bereits an.
☐	S	Der erste Tipp mit der Lehrerbeobachtung gefällt mir am besten.
☐	Y	Ich übe gerne mit Musteraufgaben, ähnlich wie im zweiten Tipp beschrieben.
☐	K	Den vierten Tipp mit den Klebepunkten und dem Lückentext will ich mal ausprobieren.
☐	I	Ich würde mich bei meinen Freunden umhören, wer schon gute Erfahrungen mit diesen Tipps gemacht hat.
☐	N	Den letzten Tipp kann ich aus Erfahrung bestätigen: Durch Lehren lerne ich.
☐	W	Mit solchen Tipps kann ich nichts anfangen.
☐	M	Die Tipps habe ich nicht gelesen.

[16] Auf die Stirn geschrieben

Von einem, der frech lügen konnte, hat man früher oft gesagt: »Der lügt wie gedruckt!« Das war bestimmt kein Kompliment für Zeitungen und Zeitschriften. Von einem, der nicht gut lügen konnte, der sich durch seinen Gesichtsausdruck beim Lügen selbst verraten hat, sagte man: »Das steht ihm doch auf die Stirn geschrieben!« Und er hätte es selbst sehen können, wenn er in diesem Moment in den Spiegel geschaut hätte …

Nach dieser kurzen Einleitung kannst du mit den Begriffen »Stirn – schreiben – Spiegel« eine kleine Konzentrationsübung machen:

→ Halte ein dickeres Papier oder eine Postkarte vor deine Stirn. Versuche dann, deinen Namen möglichst in Schreibschrift daraufzuschreiben. Wie du es gewohnt bist, schreibst du von links nach rechts.

Kannst du anschließend lesen, wie du heißt?

☑		Meine Meinung
❑	O	Ich denke, dass man bei dieser Übung die Schreibrichtung von rechts nach links umkehren muss.
❑	Y	Das ist eine gute Konzentrationsübung, in Spiegelschrift zu schreiben.
❑	R	Nach der Methode schreibe ich mir eine schwierige Vokabel auf die Stirn.
❑	N	Das ist ein schönes Spielchen für die nächste Party.
❑	M	Ich tippe nur mit dem Finger an die Stirn.

[17] Ein ungewöhnlicher Hörtest

Indianer sind bekannt dafür, dass sie außergewöhnlich gut hören können. Wenn sie sich niederknien und mit ihrem Ohr am Boden horchen, könnte man meinen, sie wollten das Gras wachsen hören. Tatsächlich können sie auf diese Weise viel besser hören, ob sich zum Beispiel jemand anschleicht. Und Pferdegetrappel hören sie mit ihrem Ohr am Boden bereits, wenn weit und breit noch kein einziges Pferd zu sehen ist.

Auf dem Boden, wie überhaupt in festen Gegenständen, setzt sich der Ton mindestens zehnmal schneller fort als in der Luft. Das kannst du sehr gut selbst feststellen, wenn du eine tickende Uhr auf die Ecke eines großen Tisches oder auf das Ende eines Geländers legst. Aus zwei oder drei Metern Entfernung wirst du das Ticken kaum noch hören können. Horchst du aber auf der anderen Seite des Tisches direkt an der Tischplatte oder hältst du dein Ohr an das Geländer, ein paar Meter von der Uhr entfernt, kannst du den Unterschied sehr deutlich hören.

Nach diesem Prinzip kannst du auch eine Glocke läuten hören. Dazu brauchst du einen Löffel und einen langen Bindfaden. Binde in der Mitte des Fadens den Stiel eines Metalllöffels fest. Das eine Ende des Fadens wickle um deinen linken Zeigefinger und das andere Ende um deinen rechten Zeigefinger. Stell dich vor einen Tisch und beuge dich nach vorne, dass der Löffel frei schwingen kann.

→ Was hörst du, wenn der Löffel an den Tisch schlägt?
→ Wie verändert sich der Ton, wenn du den Faden verkürzt, indem du ihn ein paarmal um deine Finger wickelst?

☑		**Meine Meinung**
❑	S	Je kürzer der Faden, desto höher klingt der Ton – und je länger, desto dunkler?
❑	L	Der Schlag an den Tisch versetzt den Löffel in Schwingung. Der Faden leitet die Schwingungen weiter.
❑	K	Ob ich mit mehreren verschiedenen Löffeln ein ganzes Glockengeläute erzeugen kann?
❑	I	Wie klingt es, wenn wir den Versuch zu zweit ausführen und je ein Fadenende tauschen?
❑	W	Das Glockenspiel mag ja ein nettes Spiel sein – für Weihnachten vielleicht.

[18] Wahrscheinlich eine Rangordnung

Wenn du eine Aussage darüber machst, wie sicher bzw. unsicher du bist, dass ein bestimmtes Ereignis eintritt, so drückst du mit deiner Prognose (Vorhersage) eine subjektive Wahrscheinlichkeit aus. Du könntest zum Beispiel sagen: »Morgen wird es regnen!« Wie sicher bist du dir, dass deine Wettervorhersage stimmt?

Schreibe von jedem Wortpaar die Formulierung, die eine höhere Wahrscheinlichkeit ausdrückt, in die obere Zeile. Die Formulierung, die demgegenüber die geringere Wahrscheinlichkeit ausdrückt, schreibst du in die untere Zeile.

- → sehr sicher/ziemlich sicher
- → fast sicher/nicht ganz sicher
- → fast sicher/sicher
- → sehr sicher/absolut sicher
- → ziemlich unsicher/nicht ganz sicher
- → nicht ganz sicher/ziemlich sicher

höhere Wahrscheinlichkeit	sehr sicher					
geringere Wahrscheinlichkeit	ziemlich sicher					

Nun ordnest du die Formulierungen in der oberen Zeile in der Rangfolge von der höchsten bis zur niedrigsten Wahrscheinlichkeit:

Wahrscheinlichkeit	höchste Stufe 1	Stufe 2	Stufe 3	Stufe 4	Stufe 5	niedrigste Stufe 6
Rangordnung	absolut sicher					

Hast du Lust, die folgende Liste nach diesem Muster zu bearbeiten? Hier noch einmal das Verfahren:

Schreibe von jedem Wortpaar die Formulierung, die eine höhere Wahrscheinlichkeit ausdrückt, ob und wie oft ein Ereignis eintritt, in die obere Zeile. Die Formulierung, die demgegenüber die geringere Wahrscheinlichkeit ausdrückt, schreibst du in die untere Zeile.

→ fast immer/immer
→ sehr häufig/fast immer
→ manchmal/ziemlich oft
→ manchmal/selten
→ selten/fast nie
→ ziemlich oft/sehr häufig

höhere Wahrscheinlichkeit						
geringere Wahrscheinlichkeit						

Wahrscheinlichkeit	höchste Stufe 1	Stufe 2	Stufe 3	Stufe 4	Stufe 5	niedrigste Stufe 6
Rangordnung						

Die Lösung findest du auf Seite 98.

Hast du Lust, mit anderen Beispielen deine »subjektive Wahrscheinlichkeit« zu ermitteln? Als Anregung hier einige Wortfelder, aus denen du, vielleicht mit anderen im Team, eine Liste mit eigenen Wortpaaren erstellen könntest:

→ Stufe 1: volle Garantie, Stufe 6: ohne Gewähr
→ Stufe 1: Top, Stufe 6: Flop
→ Stufe 1: Favorit, Stufe 6: Looser
→ Stufe 1: fast alle, Stufe 6: kaum einer

☑		**Meine Meinung**
❑	L	Auf die feinen Unterschiede zu achten ist eine gute Denksportaufgabe.
❑	S	Damit verschaffe ich mir einen guten Überblick – die Wortpaare der Reihe nach miteinander zu vergleichen und in die Liste einzutragen.
❑	K	Ich denke mir eine eigene Liste aus, mit der sich eine »subjektive Wahrscheinlichkeit« ausdrücken lässt.
❑	I	Diese Aufgabe macht nur Spaß im Team, wenn wir die Lösungen auch miteinander vergleichen können.
❑	W	Wie viele Schüler solche Aufgaben mögen? Meine subjektive Wahrscheinlichkeit: kein Einziger!

[19] Schwere Bücher

Wenn du ein dickes Buch und ein Blatt Papier gleichzeitig fallen lässt, was landet schneller auf dem Boden? Wahrscheinlich vermutest du: das Buch. Um sicher zu sein, kannst du es kurz testen. Du nimmst ein dickes Buch in die eine Hand und ein Blatt Papier in die andere. Du streckst die Arme aus, hältst beide auf gleicher Höhe und lässt Buch und Blatt gleichzeitig fallen. Du wirst sehen: Das Blatt schwebt oder trudelt immer noch nach unten, während das Buch schon längst auf den Boden geklatscht ist.

Die *Gesetze des freien Falls* hat Galileo Galilei (1564–1642) schon 1590 als junger Mann entdeckt. Er wollte herausfinden, welche Körper wie schnell zu Boden fallen. Er hatte jedoch noch keinen genauen Zeitmesser und deshalb »verlangsamte« er das Fallen, indem er Kugeln eine Rinne hinabrollen ließ. Er experimentierte an dieser schiefen Ebene mit Kugeln aus verschiedenen Materialien. Als Zeitmesser diente ihm ein Eimer voll Wasser. Aus diesem ließ er einen kleinen Wasserstrahl in einen Becher laufen. Die Wassermenge während der Fallzeit wog er dann auf einer genauen Waage. So fand er die verschiedenen Fallgeschwindigkeiten heraus. Mit diesem Ergebnis begnügte er sich allerdings noch nicht. Er experimentierte weiter und fand später heraus: Alle Körper fallen im Vakuum unabhängig von ihrer Gestalt, Zusammensetzung und Masse gleich schnell.

Was für Möglichkeiten hättest du aber, dass Buch und Blatt gleichzeitig unten ankommen?

1. Das Blatt als Erstes und dann einige Sekunden später das Buch fallen lassen.
2. Das Blatt ins Buch legen.
3. Das Blatt am Buch festkleben.
4. Das Blatt zu einer Papierkugel zerknüllen.
5. Das Blatt bleibt unverändert und wird einfach lose auf das Buch gelegt.

☑		Meine Meinung
❑	W	Das Experiment riecht nach Physik – und das ist nicht mein Ding.
❑	I	Es würde mich interessieren, wer von meinen Freunden die 5. Lösung schon kennt.
❑	K	Ich staune, dass das Blatt auf dem Buch liegen bleibt. Ich hätte gedacht, dass der Luftzug es wegwirbelt.
❑	S	Ich überlege, was die Untersuchung der Fallgeschwindigkeit mit meiner Motivation zu tun haben soll.
❑	L	Ist doch logisch: Lose für sich fällt das Blatt langsamer zu Boden, weil sein Gewicht kaum größer ist als der Luftwiderstand. Liegt es aber auf dem Buch, spürt es den Luftwiderstand nicht mehr.

[20] Ein Fehlgriff nach dem anderen

Für dieses Experiment brauchst du einen Bleistift oder Kugelschreiber. Diesen hältst du mit Daumen und Zeigefinger an der Spitze fest und lässt ihn senkrecht hängen. Die andere Hand hältst du wie einen »Brunnen« leicht geöffnet darunter. Du lässt den Stift los, und deine »Brunnenhand« schnappt zu und fängt den Stift. Das ist überhaupt kein Problem für dich.

Was aber, wenn ein anderer den Stift über deine »Brunnenhand« hält und ihn ohne Vorwarnung loslässt? Kannst du auch dann so schnell zuschnappen und den Stift problemlos fangen? Höchstwahrscheinlich wird dir das nicht gelingen.

Warum ist das so ein großer Unterschied, ob du selbst oder ein anderer den Stift fallen lässt?

☑		Meine Meinung
❑	O	Ist doch klar: Die Fallgeschwindigkeit des Stiftes ist schneller als deine Reaktionszeit. Erst wenn das Auge den Stift fallen sieht, gibt es dem Gehirn ein Signal. Von dort geht der Befehl an die Hand: »Zugreifen!« Aber in dieser Zeit ist der Stift schon durchgesaust.
❑	S	Ich glaube, das ist nur eine Frage des Trainings.
❑	K	Ich teste einmal die Reaktionszeit mit einem 5-Euro-Schein. Ich lasse den Schein zwischen Daumen und Zeigefinger fallen.
❑	I	Das Experiment macht Spaß, weil andere dabei mitmachen.
❑	W	Ich habe weder einen Stift zur Hand noch einen 5-Euro-Schein.

[21] Lerntipps – Runde D

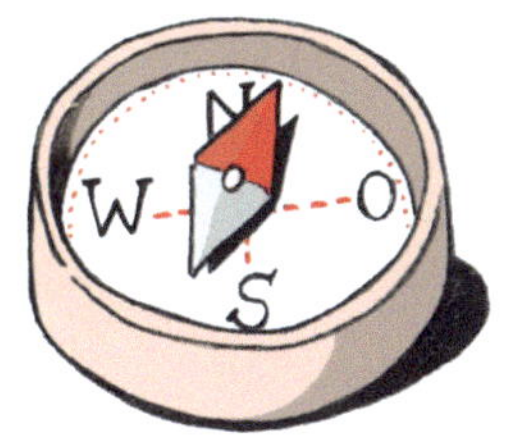

Dein Erfolg in der Schule hängt zum Teil auch davon ab, ob du dich beim Lernen wohlfühlst, mit welchem Gefühl du an eine Aufgabe herangehst, wie sicher du dich fühlst. Dabei kommt es auch darauf an, wie gut und gerne du mit anderen zusammenarbeitest. Findest du in der folgenden Aufstellung vielleicht ein paar Ideen, die dich dabei unterstützen können? Kreuze die Tipps an, die dir gefallen.

☑	Lerntipp
☐	Ich stärke meine Motivation durch ein Motto. Ich suche mir einen guten Spruch, ein tolles Gedicht oder Foto für meinen Schreibtisch. Hier ein Beispiel, das mir guttut, wenn ich vor einem Berg Hausaufgaben sitze: »Siehst du einen Riesen, so achte auf den Stand der Sonne, ob es nicht der Schatten eines Zwerges ist.« (Novalis)
☐	Ich interessiere mich für Biografien von Menschen, von denen ich beeindruckt bin. Zum Beispiel will ich herausfinden, wie sie schwierige Situationen gemeistert haben.
☐	Ich mache »Pausen mit Gefühl«. Bevor ich in die Pause gehe, überlege ich kurz, mit welcher Aufgabe ich nach der Pause weitermachen will. Die entsprechenden Unterlagen dafür lege ich schon einmal zurecht. Dann gehe ich mit dem Gefühl in die Pause, dass ich weiß, wie und wo ich anschließend weitermache.
☐	Ich suche mir eine Lernpartnerschaft und überlege, welche Aufgaben ich besser im Team erledigen will. Ich besorge mir Klassenarbeiten und Prüfungsfragen älterer Jahrgänge. Das ist guter Stoff zum Üben – und manchmal taucht genau dieses Thema in der nächsten Prüfung wieder auf.
☐	Wenn ich im Unterricht ein Lob bekomme, das mir besonders gut gefällt, schreibe ich es gleich auf – mit Datum, Fach und Uhrzeit. Zum Beispiel: »Fabelhaft, Felix! – Montag, Mathe, 4. Stunde«. Diesen Zettel hänge ich wie eine kleine Urkunde über meinen Schreibtisch. So genieße ich das Erfolgserlebnis noch eine ganze Weile.

☑		Meine Meinung
❑	I	Von den fünf Tipps kann ich mindestens drei gut gebrauchen.
❑	N	Zwei (oder mehr) dieser Empfehlungen wende ich bereits an.
❑	S	Der zweite Tipp mit der Biografie gefällt mir am besten.
❑	Y	Beim vierten Tipp gefällt mir die Idee am besten, sich alte Klassenarbeiten zu besorgen.
❑	K	Der Tipp mit der kleinen Urkunde ist »der letzte Tipp« – ich würde aber mal testen, ob er wirkt.
❑	R	Einer dieser Tipps bringt mich auf eine ganz neue Idee.
❑	L	Ob ich bei dem »Riesen« mal den Zwerg (einen Bleistift) und seinen Schatten messen soll?
❑	O	Ich würde gerne wissen, was ein Kalenderspruch mit meiner Motivation zu tun haben soll.
❑	W	Mit solchen Tipps kann ich nichts anfangen.
❑	M	Die Tipps habe ich nicht gelesen.

[22] Das Düsentriebwerk

Material: Luftballon, Klebestreifen, Strohhalm, Bindfaden (2 bis 3 Meter lang)

Ballon I

- → Blase einen Luftballon auf.
- → Halte die Öffnung fest mit Daumen und Zeigefinger einer Hand zu – nicht knoten oder zubinden.
- → Die drei anderen Finger dieser Hand halten den Ballon auf der einen Seite, die zweite Hand von der anderen Seite.
- → Nun lässt du die Öffnung los und fasst mit beiden Händen den Ballon.
- → Wie fühlt es sich in deinen Händen an, wenn die Luft entweicht? Wird es wärmer oder kälter?

Ballon II

- → Schiebe oder ziehe den Faden durch den Strohhalm.
- → Spanne den Faden mit der Strohhalm-Gondel zwischen zwei Gegenständen. (Zum Beispiel bindest du das eine Ende an den Fenstergriff, das andere an den Türgriff.)
- → Blase den Luftballon auf, halte die Öffnung fest zugedrückt (nicht knoten oder zubinden).
- → Klebe den aufgeblasenen Luftballon mit einer Seite an den Strohhalm.
- → Halte die Luftballonöffnung immer noch fest zugedrückt.
- → Schiebe den Strohhalm mit dem Luftballon zur »Talstation«.
- → Nun lass den Luftballon los.
- → Was passiert?

☑		Meine Meinung
☐	L	Die Erklärung zu Ballon I interessiert mich: Wenn die Luft plötzlich aus dem Ballon entweicht, dehnt sie sich aus. Luft, die sich ausdehnt, wird kälter.
☐	O	Die Erklärung zu Ballon II interessiert mich: Nach dem Prinzip funktioniert ein Düsentriebwerk. Die heftig nach hinten ausweichende Luft katapultiert den Gegenstand vorwärts.
☐	R	Der Aufwand mit Ballon II war zwar ziemlich groß, aber »Daniel Düsentrieb« war echt witzig.
☐	K	Die Erklärung hat mich sehr interessiert.
☐	N	Den Effekt werde ich auch noch jemand anderem vorführen.
☐	W	Zum Pusten hatte ich keine Lust.
☐	M	Ich habe nicht gepustet, weil ich das Experiment schon kannte.
☐	S	Ich habe die Windgeschichte schon gekannt und das Experiment trotzdem noch einmal ausprobiert.

[23] Stromlinienförmiges Design

Ob bei einem schnellen Auto oder der Körperhaltung eines Radprofis auf dem Rennrad – überall, wo es um rasante Geschwindigkeiten geht, kommt es auf glatte Formen an. Schnittige Modelle sind demnach stromlinienförmig. Designer, die sich damit beschäftigen, solche Formen zu entwerfen, zeichnen gerne Linien, glatte und geschwungene.

Um ein formschönes Muster mit geschwungenen Linien zu entwerfen, brauchst du nichts weiter als ein Stück Faden, Stift und Papier. Du legst den Faden auf das Papier und hältst die beiden Enden des Fadens mit Daumen und Zeigefinger fest. Der Faden soll etwa doppelt so lang sein wie der Abstand zwischen den beiden gespreizten Fingern.

An der Stelle, wo du den Faden mit dem Zeigefinger auf das Papier drückst, setzt du den Stift an und fährst am Faden, entlang in einem Bogen zum Daumen. Dabei spannt der Stift den Faden und du zeichnest die obere Hälfte einer Ellipse. Nun spannt der Stift den Faden nach unten, und du zeichnest die untere Hälfte der Ellipse. Nimmst du einen kürzeren oder längeren Faden oder veränderst du den Abstand zwischen Daumen und Zeigefinger, wird die Ellipse flacher oder gebogener.

Mit dem Faden kannst du auch einen Zirkel bauen. Dazu bindest du den Stift an das eine Ende des Fadens und drückst das andere Ende aufs Papier. Nun zeichnest du Kreisausschnitte und Kreise, die du mit den Ellipsen kombinierst. So entstehen aus den gebogenen und geschwungenen Linien gleichmäßige Muster. Mit viel Geduld kannst du so auch eigene Mandalas entwerfen.

☑		Meine Meinung
❑	S	Das gefällt mir. Ich zeichne gerne Muster mit gleichmäßigen Linien.
❑	L	Ich weiß (oder wüsste gerne), wie man die Fläche einer Ellipse berechnet.
❑	K	Ich habe Lust, ein Mandala zu entwerfen.
❑	I	Wenn ein anderer den Faden hält, geht es viel besser.
❑	W	Eine stumpfsinnige Übung.
❑	Y	Die Anleitung ist mir zu kompliziert.
❑	R	Ich habe es ausprobiert, aber das Ergebnis gefällt mir nicht.

[24] Auf der Geldwaage

Hast du ein gutes »Händchen« für Kleingeld? Weißt du, wie viel Mal schwerer eine 2-Euro-Münze ist als ein 1-Cent-Stück? Was schätzt du, wie viele 1-Cent-Stücke nötig sind, um das Gewicht einer 2-Euro-Münze aufzuwiegen?

Eine 2-Euro-Münze wiegt so viel wie

4	10	20	25	50

1-Cent-Stücke

Eine 2-Euro-Münze wiegt so viel wie

1	2	3	4	6

10-Cent-Stücke

Eine 2-Euro-Münze wiegt so viel wie

2	3	5	7	10

2-Cent-Stücke

Eine 2-Euro-Münze wiegt so viel wie

2	3	4	5	6

20-Cent-Stücke

Eine 2-Euro-Münze wiegt so viel wie

1	2	4	6	8

5-Cent-Stücke

Eine 2-Euro-Münze wiegt so viel wie

1	2	3	4	5

50-Cent-Stücke

Die Auflösung findest du auf Seite 98. Hast du Lust, nach diesem Muster eine Tabelle mit einer 1-Euro-Münze anzulegen? Was schätzen andere, denen du deine Tabelle zeigst?

Eine 1-Euro-Münze wiegt so viel wie

_____-Cent-Stücke

☑		Meine Meinung
❑	L	Wie viele Aufgaben könnte ich mit acht Münzen im Wert von 3,88 € stellen?
❑	S	Solche Tabellen anzulegen macht mir Spaß.
❑	K	Ich möchte mir noch andere Knobelaufgaben mit Münzen ausdenken.
❑	I	Ich will mal sehen, wer diese Wette annimmt: »Wetten, dass 5 Cent mehr wiegen als 2 Euro?«
❑	W	Mich interessiert, wie viel die Münzen wert sind, nicht wie viel sie wiegen.

[25] Penspinning

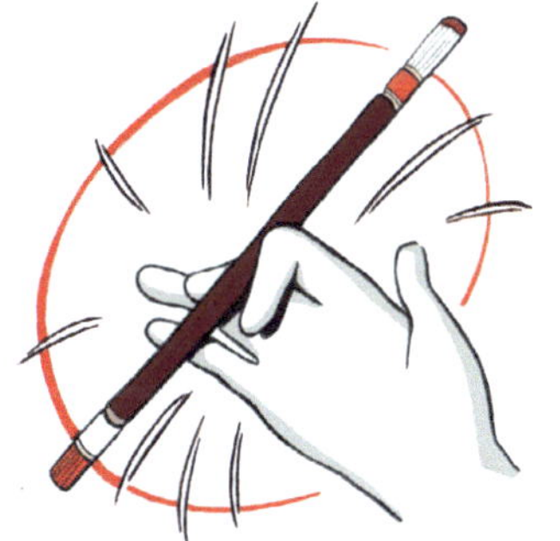

Penspinner haben eine unglaubliche Fingerfertigkeit. Sie drehen einen Bleistift oder Kuli in einer rasanten Geschwindigkeit zwischen ihren Fingern wie einen Propeller oder Ventilator. Es sieht aus wie Hip-Hop oder Breakdance mit Fingern. Bei Youtube.de kannst du dir spektakuläre Beispiele anschauen.

Die Anleitungen für diesen Sport sind sehr anschaulich und übersichtlich im Internet dargestellt. Auf der Website der deutschen PenSpinning-Community (www.penspinning.de) findest du eine Übersicht aller Tricks. Diese sind übersichtlich in Trickfamilien eingeteilt. Jede Familie hat dabei ein besonderes Merkmal, aus dem sich wieder andere ableiten lassen.

Es gibt sogar Wettkämpfe und Meisterschaften in dieser Disziplin. Der deutsche Meister hat rund 1.000 Stunden trainiert. Das sind an jedem Tag drei Stunden – fast ein ganzes Jahr lang! Was, denkst du, motiviert zu einer solchen Ausdauer und Spitzenleistung?

☑		Meine Meinung
❑	N	Wenn ich die nötige Geduld und Fingerfertigkeit hätte, würde ich gerne mitmachen in diesem Club.
❑	W	Ob ich das demnächst mal in der Schule im Unterricht probieren soll?
❑	L	Pen-*Spinner* ist ein sehr bezeichnender Name für diese nervösen Fingersportler.
❑	K	Hip-Hop/Breakdance mit den Fingern – atemberaubend! Eine tolle Leistung!
❑	Y	Das klare Konzept und die Regeln sind so durchgestylt, als wäre es eine Sportart für Olympia.
❑	R	Ich war im Internet und habe schon ein paar Basisübungen ausprobiert.
❑	S	Das Trainingsprogramm hat auffallend stark System und Methode.
❑	I	Die Community ist wie eine Sportgemeinschaft.
❑	M	Im Internet schaue ich mir andere Sachen an.

[26] Die Zeitachse

Wie reagierst du, wenn du eine Aufgabe hörst wie diese?

→ Wenn gestern vor drei Tagen Donnerstag war, welcher Tag ist dann morgen in zwei Tagen?

Erinnert dich diese Formulierung an manche Textaufgabe, die verwirrend klingt und dir kompliziert erscheint? Du wirst aber gleich sehen, wie der Text mithilfe einer Skizze so einfach wird, dass du die Antwort nur noch ablesen musst.

Als Erstes brauchst du einen Ausgangspunkt. Für den Start platzierst du ein H (für heute) in die Mitte. Links daneben setzt du ein G (für gestern) und rechts ein M (für morgen):

			gestern	heute	morgen		
			G	H	M		

→ »Wenn gestern vor drei Tagen ...«

Also setzt du von gestern aus nach links für die drei Tage die Zahlen 1 – 2 – 3.

			gestern	heute	morgen		
3	2	1	G	H	M	1	2

→ »Wenn gestern vor drei Tagen Donnerstag war ...«

			gestern	heute	morgen		
3	2	1	G	H	M	1	2
Do	Fr	Sa	So	Mo	Di	Mi	Do

Die nächsten Schritte kannst du dir jetzt bestimmt selbst erklären.

Wenn du diese Skizze betrachtest, kannst du die nächsten Fragen wahrscheinlich »mit links« beantworten:

1. Wenn morgen in zwei Tagen Donnerstag sein wird, welcher Tag war dann gestern vor zwei Tagen?
2. Wenn gestern vor zwei Tagen Freitag war, welcher Tag ist dann übermorgen?
3. Wenn heute vor drei Tagen Freitag war, welcher Tag wird dann übermorgen in einem Tag sein?

Du hast sicher bemerkt, dass in der zweiten und dritten Frage die Skizze nicht ganz ideal geholfen hat, weil du hier »übermorgen« erst einmal als »morgen in einem Tag« übersetzen musstest, und bei »heute vor drei Tagen« müsste für gestern schon eine 1 stehen (gestern = heute vor einem Tag.) Nach diesem Strickmuster könntest du dir eigene Zeitleisten aufschreiben, zum Beispiel:

4	3	2	1	H	1	2	3	4

Oder du schreibst eine Leiste mit V für »vorgestern« und Ü für »übermorgen«:

2	1	V	G	H	M	Ü	1	2

→ Welcher Tag war vorgestern vor zwei Tagen, wenn übermorgen in zwei Tagen Sonntag ist?

Formuliere selbst solche Aufgaben. Du wirst sehen, selbst die »grausigsten« machen dir jetzt nichts mehr aus.

☑		**Meine Meinung**
❑	**O**	Solche Aufgaben rechne ich auch ohne Zeitachse aus.
❑	**Y**	Durch die Skizze werden die Aufgaben sehr einfach.
❑	**R**	Nach diesem Muster werde ich ganz »grausige« Aufgaben erfinden.
❑	**M**	Wenn eine Aufgabe schon so dämlich klingt, vergeht mir die Lust an der Arbeit.
❑	**N**	Ich weiß schon, wem ich diese Aufgaben zeigen werde.

[27] Unsinn mit Logik

Hier gibt es eine Herausforderung mit einer Logelei. In der folgenden Aufgabe gelten die beiden ersten Sätze als zutreffende Aussagen. (Ob die erste Aussage auch in Wirklichkeit richtig ist, steht auf einem anderen Blatt ...)

Nach diesen beiden Aussagen folgt ein Satz mit »Also«. Der dritte Satz ist also eine Schlussfolgerung aus den beiden ersten Sätzen.

Ist der Also-Satz in der ersten Aufgabe richtig oder falsch? Schau genau hin und kombiniere. (Manchmal kann sich auch aus einer falschen Behauptung eine logische Schlussfolgerung ergeben.)

Alle Lehrer sind motiviert.
Herr Stark ist ein Lehrer.
Also ist Herr Stark motiviert.

❑ richtig ❑ falsch

Wie sieht es im zweiten Beispiel aus? Erkenne den Unterschied:

Alle Lehrer sind motiviert.
Herr Stark ist motiviert.
Also ist Herr Stark ein Lehrer.

❑ richtig ❑ falsch

Hier noch ein paar weitere Herausforderungen für deinen Scharfsinn:

Esel sind Tiere.
Alle Tiere sind intelligent.
Also sind Esel intelligent.

❑ richtig ❑ falsch

Manche Berge sind hoch.
Alle Hügel sind Berge.
Also sind alle Hügel hoch.

❑ richtig ❑ falsch

Denksport macht Spaß.
Logicals gehören zum Denksport.
Also machen Logicals Spaß.

❑ richtig ❑ falsch

Möchtest du selbst solche Aufgaben erfinden? Formuliere nach diesem Muster weitere Aussagen, die entweder folgerichtig sind oder nur logisch erscheinen, aber einen Fehler enthalten.

☑		Meine Meinung
❑	S	Für die beiden ersten Aussagen male ich Kreise mit Schnittmengen. Dann lese ich den Also-Satz und schaue, ob er in der Schnittmenge enthalten ist.
❑	L	Denksport ist für mich der schönste Sport.
❑	K	Ich entwerfe gerne solche Logicals.
❑	M	Blöde Aufgabe – allein schon wegen der Aussage »Alle Lehrer sind motiviert«.
❑	I	Solche Denksportaufgaben erstelle und löse ich gerne im Team.

[28] Der schönste erste Satz

Der erste Eindruck ist oft entscheidend, ob wir einen Menschen sympathisch finden und ihn näher kennenlernen möchten. So ist es manchmal auch mit einem Buch. Es ist der erste Satz, der uns neugierig macht, weiterzulesen. Vor ein paar Jahren gab es einen großen Wettbewerb. Kinder, Jugendliche und Erwachsene konnten den ersten Satz eines Buches mit einer Begründung einschicken, warum dieser Satz für sie der schönste erste Satz ist. Aus vielen Tausend Einsendungen sind die Beiträge der Siegerinnen und Sieger in einem Buch mit dem Titel »Der schönste erste Satz« veröffentlicht worden.

Hier kannst du einen kleinen Auszug als Kostprobe lesen. Welcher dieser ersten Sätze wäre für dich der schönste erste Satz?

»Opaaaaa!« schreit Friederike, als sie auf dem Treppengeländer nach unten rutscht, »Opaaaaa!« (Der erste Satz in »Opa macht Geschichten« von Jule Sommersberg, Stuttgart: Gabriel 2001)

Mir gefällt der erste Satz so gut, weil das Wort »Opa« darin steckt. Opa ist in fast jeder Familie ein liebevoller Mensch, so wie in diesem Buch. Darin steht geschrieben, dass Opa ein sehr lustiger Mensch ist. Das weckt bei mir wieder richtig familiäre Gefühle. Ich möchte auch wieder etwas mit meinem Opa machen, obwohl er bei manchen schon tot ist.
Stefanie Nickel, Lahnstein, 6. Klasse

»Phantasie ist Erfahrung.« (Der erste Satz in »Meßmers Reisen« von Martin Walser, Frankfurt am Main: Suhrkamp 2005)

Ich bin Punk und kein Walser-Fan. Aber sein Buch »Meßmers Reisen« hat mich gepackt. Es ist ja kein Roman, sondern eine Sammlung von Fragmenten. Ich war so begeistert, dass ich Walser ein Fax schickte. Es gibt in Überlingen noch einen Gynäkologen namens Walser. Ich schrieb in dem Fax, dass, falls das Fax beim Gynäkologen landet, er es doch bitte an den Schriftsteller weiterleiten solle. Das

Fax kam aber direkt bei Martin Walser an, und er hat mir tatsächlich einen Brief zurückgeschrieben. Da war ich kleiner Punk ganz stolz!
Detlef Schiermeister, Ense-Niederense

»Es war Mitternacht und Herr Taschenbier saß auf dem Dach von Frau Rotkohls Haus.« (Der erste Satz in »Neue Punkte für das Sams« von Paul Maar, Hamburg: Oetinger 2002)

Ich finde diesen Satz so schön, weil, wer klettert schon freiwillig auf ein Dach? Im ersten Moment könnte man meinen, der Herr Taschenbier wäre ein Dachdecker oder so. Aber wenn man mal bedenkt, um Mitternacht arbeitet auch kein Dachdecker mehr. Aber wer dieses Buch gelesen hat, der weiß, dass Herr Taschenbier bei Vollmond auf dem Dach sitzen und *gatsmas* (Samstag) sagen muss. Wenn er dieses macht, bekommt das Sams, ein Wesen mit roten Haaren, Rüsselnase und blauen Punkten im Gesicht, neue Wunschpunkte.
Rebecca Bein, Nettetal, 7. Klasse

»Das Leben ist echt ungerecht.« (Der erste Satz in »Die Flirt-Agentur. Heiße Dates und coole Küsse« von Henriette Wich, Hamburg: Erika Klopp Verlag 2007)

Ich möchte dieses Buch gerne weiterlesen, weil ich das Leben auch so manches Mal ungerecht finde. Wenn man mal nachdenkt, dann ist das Leben überall ungerecht. Zum Beispiel bei den Noten, in der Schule, in der Liebe oder bei Dingen, wo behauptet wird, dass man das war, man war es aber gar nicht.
Mareike Bull, Schleswig, 7. Klasse

»Ähem! Entschuldigung? Ich heiße Felix.« (Der erste Satz in »Die wilden Fußballkerle – Felix, der Wirbelwind« von Joachim Masannek, München: dtv 2003)

Ich habe mich für den ersten Satz entschieden, weil ich mir gut vorstellen kann, dass ich mich bei einer Fußballmannschaft anmelden möchte. Ich gehe dann zum ersten Mal zum Training, vielleicht bin ich auch so ängstlich, dass ich stottern muss.
Patric Kämmerling, Jülich, 6. Klasse

»Der Tag fing reichlich beschissen an, nämlich zu früh.« (Der erste Satz in »Stadtluft« von Susanne Mischke, München: Piper 1994.)

Dieser Satz ist ein Spiegel unserer selbst. Mir ist es nur allzu gut bekannt und meinen Mitschülern und allen anderen Schülern auch: Da hat man am gestrigen Tag und Abend wieder die gesamte Freizeit in überflüssige Hausaufgaben und Momentlernen für den heutigen Test investiert, und am Morgen hat man den Salat – man fühlt sich gerädert.
Maximilian Breuer, Halle/Saale, 11. Klasse

»Entweder mache ich mir Sorgen oder was zu essen.« (Der erste Satz in »Blaue Wunder« von Ildikó von Kürthy, Reinbek: Rowohlt 2005.)

Als ich viele verschiedene erste Sätze gelesen habe, wollte ich Ihnen schreiben, warum ich diese gut finde. Aber nur, weil es die Aufgabe für den Deutschunterricht war, und nicht, weil ich sie irgendwie besonders gut fand, sondern lediglich o.k. Dieser Satz ist im Gegensatz zu den anderen Sätzen einfach genial. Er hat mich sogar ein wenig zum Lachen gebracht, weil er mich an mich selbst erinnert, denn ich habe eigentlich immer Hunger. Ich hätte nie gedacht, dass mich einmal ein Satz, den ich in einer Deutschstunde lese, zum Lachen bringen würde. Das ist ein entscheidender Grund, warum mich dieser Satz so fasziniert.
Philip Grote, Bremen, 17 Jahre

☑		**Meine Meinung**
❑	W	Ich fange gar nicht erst an, ein Buch zu lesen.
❑	I	Wenn mir ein Buch gefällt, erzähle ich das gerne weiter.
❑	L	Den schönsten ersten Satz kann ich nicht finden, wenn ich nur den ersten Satz lese.
❑	Y	Wenn ich ein Buch suche, lese ich den Klappentext oder die Beschreibung auf der Rückseite.
❑	K	Gute Idee, in einer Bücherei zu stöbern und den schönsten ersten Satz zu suchen.

[29] Schillers neue Glocke

Vor langer Zeit hat einmal ein Deutschlehrer die Hausaufgabe gestellt, »Das Lied von der Glocke« von Friedrich Schiller auswendig zu lernen. Zunächst nur die erste Strophe:

Fest gemauert in der Erden
Steht die Form, aus Lehm gebrannt.
Heute muss die Glocke werden!
Frisch, Gesellen, seid zur Hand!
Von der Stirne heiß
Rinnen muss der Schweiß,
Soll das Werk den Meister loben,
Doch der Segen kommt von oben.

In der nächsten Deutschstunde wollte ein Schüler das Gedicht unbedingt aufsagen. Er habe es bearbeitet, alphabetisch geordnet. Der Lehrer rief ihn nach vorne, und voller Pathos trug der Schüler »sein« Gedicht vor:

aus
das den der der die die doch
Erden
fest Form frisch
gebrannt gemauert Gesellen Glocke
Hand heiß heute
in
kommt
Lehm loben
Meister muss muss
oben
rinnen
Schweiß Segen seid soll steht Stirne
von von
werden Werk
zur

Der Lehrer war entsetzt, die Klasse war begeistert. Wie siehst du das?

☑		Meine Meinung
❑	L	Diese »Bearbeitung« ist reiner Unsinn.
❑	S	Das war eine bemerkenswerte Fleißarbeit dieses Schülers.
❑	K	Eine kreative Leistung! Das hat etwas von Slam-Poetry.
❑	I	Mit diesem Schüler wäre ich gerne in einer Klasse.
❑	W	Der Junge hatte offensichtlich zu viel Zeit!

[30] Alles Banane

»Warum ist die Banane krumm?« – diese Frage hast du sicher schon x-mal gehört. Aber hier eine ganz andere Frage: Warum kann die Banane schwimmen? Wenn du es nicht weißt, kannst du die Antwort selbst herausfinden:

→ Fülle einen Topf oder das Waschbecken mit Wasser und nimm eine Banane, eine Erbse oder einen Kirschkern und einen Teelöffel. Setze als Erstes den leichtesten Gegenstand auf das Wasser. Dann den Löffel und zum Schluss die Banane.

Was passiert? Und warum? Warum geht der leichteste dieser drei Gegenstände unter, aber der schwerste schwimmt?

→ Willst du die Versuchsreihe fortsetzen? Nimm eine leere Glasflasche, die noch schwerer ist als die Banane.

Warum schwimmt auch die Flasche? Schwimmt sie auch, wenn du sie mit Wasser gefüllt hast? Warum können schwere Töpfe aus Metall und große Schiffe schwimmen? Liegt es am Gewicht oder an der Form?

Ein Gegenstand schwimmt, wenn er leichter ist als Wasser, zum Beispiel eine Banane. Wenn der Gegenstand aber schwerer als Wasser ist, zum Beispiel eine Glasflasche, schwimmt er nur dann, wenn er eine hohle Form hat und viel Wasser verdrängt, das heißt, wenn die Flasche leer ist, also viel Luft enthält. Füllst du die Flasche aber mit Wasser, geht sie unter.

Test: Willst du einmal ausprobieren, wie viel Wasser man in eine Flasche füllen kann, dass sie trotzdem noch im Waschbecken oder in der Badewanne schwimmt? Eine Begründung findest du auf Seite 98.

☑		**Meine Meinung**
❑	O	Durch die hohle Form eines schweren Gegenstands verringert sich seine Gesamtdichte – er schwimmt.
❑	Y	Die Testfrage möchte ich durch Messen und Wiegen alleine lösen.
❑	R	Ich experimentiere mit einem Stück Alufolie, mal zerknüllt als Kugel, dann geformt wie ein Boot.
❑	N	Damit ich solche Sachen kapiere, brauche ich jemanden, der mir das erklärt.
❑	M	Und was war mit der »Titanic«?

[31] Regenschirm-Musik

Das ist eine Konzentrationsübung – nicht nur bei Regenwetter. Du brauchst aber einen Regenschirm dafür – und ein Radio, ein iPod oder ein anderes Musikgerät.

Lege das Gerät oder eine Lautsprecherbox auf den Boden und stelle dich darüber. Schalte die Musik so leise, dass du sie kaum noch hören kannst. Versuche nach einiger Zeit, die Lautstärke noch eine Stufe zurückzufahren. Schaffst du es kurz darauf noch eine Stufe niedriger? Wenn du die niedrigste Stufe erreicht hast, in der du nur noch einen »Hauch« von Musik hörst, spanne den Regenschirm auf und halte ihn so über deinen Kopf, als wäre er eine große Hand, die du hinter dein Ohr hältst, um besser hören zu können.

Dein Regenschirm wird zur Konzertmuschel. Drehe die Musik wieder lauter und vergleiche den Sound im Wechsel mit und ohne Regenschirm.

☑		Meine Meinung
❑	M	Ich habe keinen Regenschirm.
❑	I	Bei dem Akustik-Experiment würde ich gerne mit anderen unter einem Regenschirm sitzen.
❑	K	Gibt es noch mehr Konzentrationsübungen mit Musik und Regenschirm?
❑	S	Ich teste mal den Unterschied mit verschieden großen Regenschirmen.
❑	L	Das ist eine Schallreflexion, die sich genau berechnen lässt.

[32] Gedankenspiele

Was hat ein Spinnennetz mit einer Hängebrücke zu tun? Außer vielleicht, dass an Brücken oft Spinnennetze hängen? Es gibt eine Wissenschaft, die sich sehr ernsthaft mit solchen Zusammenhängen befasst: die Bionik. Der erste Teil dieses Wortes steht für Biologie und der zweite für Technik. Ein Bioniker ist ein Architekt, Ingenieur oder Techniker, der mit einem Biologen in der Natur etwas beobachtet, was er für einen Gegenstand in der Technik verwenden kann. Biologen und Ingenieure lernen voneinander. Zum Beispiel, indem sie ein Spinnennetz untersuchen und feststellen, dass die Fäden eines Spinnennetzes eine größere Festigkeit besitzen und gleichzeitig elastischer sind als ein vergleichbar dickes Gespinst aus Edelstahl.

Ein solcher Bioniker war *Georges de Mestral,* ein Schweizer Wissenschaftler. Dieser ging oft mit seinem Hund spazieren. Daheim stellte er immer wieder fest, dass sein Dackel Kletten, diese kleinen, stacheligen Bällchen, in seinem Fell hängen hatte. Er zog diese Kletten heraus und untersuchte sie. Dabei stellte er fest, dass an den Klettenbällchen viele Häkchen sitzen, die sich im Fell oder an seinem Pullover verhaken. Und als er sie herauszog, wunderte er sich, wie biegsam diese Häkchen sind. Auch wenn er sie noch so fest herauszog, die Häkchen gingen nicht kaputt. So hat er diese Häkchen vor rund 70 Jahren aus Kunststoff nachgebaut – und den Klettverschluss erfunden.

Das »Lernen von der Natur« ist eine sehr alte Betrachtungsweise. Schon *Pythagoras* hat durch seine Sternenbeobachtung die Harmonielehre der Musik mit Mathematik in Verbindung gebracht. Aber lange vor ihm gab es schon einen berühmten Bioniker: *Leonardo da Vinci* (1452–1519). Dieses Genie der Renaissance war seiner Zeit weit voraus. Er wollte zum Beispiel ein Fluggerät für Menschen bauen. Dazu hat er Vögel und Insekten genau beobachtet und nach diesen Erkenntnissen ein erstes »Flugzeug« konstruiert.

Im kleinen Stil kannst du auch in deiner Fantasie Zusammenhänge konstruieren und Verbindungen herstellen zwischen Dingen, die im Grunde überhaupt nichts miteinander zu tun haben – wenn du zum Beispiel mit Wörtern spielst. Nimm etwa »Brille« und »Schuh« Was für eine Verbindung siehst du in deiner Fantasie zwischen diesen beiden Gegenständen? Stellst du dir vielleicht jemanden vor, der in etwas hineingetreten ist, dann seine Brille aufsetzt und seinen Schuh untersucht? Oder kannst du dir auch das Bild vorstellen, wie jemand seine Brille ablegt und dann (absichtlich oder unabsichtlich?) mit dem Schuh auf die Brille tritt? Oder jemand hat vergessen, dass er seine Brille in einem Schuh abgelegt hat, und zieht sich diesen Schuh an. Wenn du willst, kannst du noch viele weitere Verbindungen finden.

Je mehr der Zufall dabei eine Rolle spielt, desto reizvoller können die Gedankenspiele werden. Angenommen, du sollst zwischen dem Begriff »Kamera« und einem Wort, das du zufällig findest, eine Verbindung herstellen. Um ein Wort zufällig zu finden, kannst du eine x-beliebige Seite in einem Buch, einer Zeitung oder einer Zeitschrift aufschlagen. Du liest die erste Zeile und nimmst das erste Substantiv. Bringe dieses Zufallswort der Reihe nach mit jedem Wort in dieser Wörterliste in Verbindung:

1. Kamera + Zufallswort = ? ______________________________

2. Meinung + Zufallswort = ? ______________________________

3. Spiegelbild + Zufallswort = ? ______________________________

4. Experiment + Zufallswort = ? ______________________________

5. Regenschirm + Zufallswort = ? ______________________________

6. Geheimrezept + Zufallswort = ? ______________________________

Bei welchem Wort in dieser Liste fällt es dir leicht, bei welchem schwer, bei welchem gelingt es dir gar nicht? Welche Gemeinsamkeiten hören sich vernünftig an, und welche klingen nur verrückt oder sind an den Haaren herbeigezogen?

☑		Meine Meinung
❑	W	Unsinn + Zufall = Blödsinn
❑	N	Das ist eine schöne Anregung für ein lustiges Gesellschaftsspiel.
❑	R	Mit Fantasie kann ich aus jeder Kombination etwas machen.
❑	Y	Solche Zufallskombinationen haben weder Struktur noch Systematik.
❑	O	Etwas dem Zufall zu überlassen kann nie folgerichtig und vernünftig sein.

[33] Das Summenspiel

Mathematiker spielen gern mit Zahlen. Aber auch wer mit Mathematik normalerweise nichts am Hut hat, kann bei einem Spiel mit Zahlen Spaß an Mathe finden. Hier ein kleiner Test »zum Spaß«:

1. Schritt: Addiere fünf beliebige aufeinanderfolgende Zahlen, zum Beispiel: $22 + 23 + 24 + 25 + 26 = 120$

2. Schritt: Dividiere die Summe durch 5.
$120 : 5 = 24$

3. Schritt: Subtrahiere von diesem Ergebnis die Zahl 2.
$24 - 2 = 22$

Mit diesen drei Schritten landest du immer bei der Zahl, mit der du gestartet bist. Hier ein paar Aufgaben zur Kontrolle:

→ $2 + 3 + 4 + 5 + 6$
→ $17 + 18 + 19 + 20 + 21$
→ $113 + 114 + 115 + 116 + 117$

Willst du die Regel mit einem Taschenrechner bei noch viel größeren Zahlen überprüfen?

☑		Meine Meinung
❑	K	Ich überlege, ob und wie ich aus diesem Rechengang eine Rätselaufgabe machen könnte.
❑	L	Ich habe herausgefunden, warum die Rechnung immer aufgeht.
❑	S	Ich teste diese Regel mit einer ganzen Serie von Zahlen.
❑	I	Das Summenspiel werde ich meinen Freunden vorstellen.
❑	W	Was soll an dieser Rechnerei Spaß machen?

[34] Zahlen zählen

Eine kleine (für dich vielleicht überflüssige) Vorbemerkung:

→ 1, 2, 3, 4, 5 und so weiter sind natürliche Zahlen.
→ 2, 4, 6, 8, 10 und so weiter sind gerade Zahlen.

Und jetzt die Testfrage: Gibt es mehr natürliche oder mehr gerade Zahlen? Welche Antwort ist richtig?

a) Es gibt mehr natürliche Zahlen als gerade Zahlen
b) Es gibt genauso viele natürliche Zahlen wie gerade Zahlen.

Wenn du nicht ganz sicher bist, ob die richtige Antwort a) oder b) heißt, hilft dir das Modell. Setze die Zahlenreihe fort und trage oben die folgenden natürlichen Zahlen und in der Reihe darunter die folgenden geraden Zahlen ein:

1	2	3	4	5									
2	4	6	8	10									

Was fällt dir auf? Kannst du die Antwort b) begründen?

☑		Meine Meinung
☐	R	Bei solchen Fragen zeichne ich gerne Skizzen oder male Muster.
☐	W	Zahlen zählen ist eine völlig überflüssige Übung.
☐	O	Jeder Zahl in der oberen Reihe entspricht das Doppelte in der unteren Reihe. Es gibt also genauso viele natürliche wie gerade Zahlen, nämlich unendlich viele.
☐	N	1, 2, 3 natürliche oder 2, 4, 6 gerade Zahlen – wovon gibt es mehr? Das ist eine Quizfrage für meine Freunde.
☐	Y	Durch die Tabelle wird mir klar, dass Antwort b) die richtige ist.

[35] Illusionen mit Drehzahlmesser

Kennst du das? Du sitzt in einem Zug, der noch im Bahnhof steht. Auch auf dem Nebengleis steht ein Zug. Dann fährt einer der beiden Züge los. Doch du kannst zunächst nicht sagen, welcher von beiden. Du nimmst trotzdem an, dass es der ist, in dem du sitzt. Plötzlich bleibt dein Zug ruckartig stehen, weil der andere Zug vorbei ist.

Dein Zug steht immer noch. Du siehst jetzt vor dir nur Büsche, einen Zaun oder ein Geländer. Dann fährt auch dein Zug ab. Er wird immer schneller, und plötzlich werden die Büsche, Zäune oder Geländer durchsichtig. Du schaust durch sie hindurch und kannst die Gebäude oder die Landschaft dahinter so gut erkennen, als würden sie überhaupt nicht von dem Gebüsch oder der Gitterwand verdeckt.

Oder du stehst vor einem Kirchturm und schaust zur Spitze hoch. Über den Kirchturm ziehen Wolken dahin. Auf einmal wird der Turm ganz schief, beginnt zu fahren, du fühlst dich wie auf einem fahrenden Schiff und schaust hoch zum Mast. Oder die Spitze scheint sogar zu dir herabzukippen.

Wenn du nach oben schaust, bringst du die Kirchturmspitze nicht mit dem Erdboden in Verbindung. Sie erscheint dir ohne einen festen Anhaltspunkt wie ein frei schwebender Gegenstand. Das Auge kann nicht unterscheiden, ob sich der Turm oder die Wolken bewegen.

Beim Zugfahren ziehen die Büsche oder Gitter so rasch am Fenster vorbei, dass sie auf der Netzhaut so gut wie keine Spuren hinterlassen. Man sieht ein ähnliches Bild wie bei einem Ventilator oder Propeller, die sich so schnell drehen, dass die Flügelblätter überhaupt nicht mehr zu erkennen sind. Wie sich unsere Sinne täuschen lassen, kannst du durch ein kleines Experiment mit einem »Drehzahlmesser für Illusionen« sehr rasch feststellen:

→ Stelle eine Flasche auf den Boden und drücke deinen Zeigefinger oben auf den Flaschenhals. Während du den Finger auf der Flasche hältst, laufe dreimal im Kreis um sie herum, so schnell du kannst. Richte dich auf, strecke den Arm aus und zeige auf einen Gegenstand in zwei oder drei Metern Entfernung vor dir. Gehe sofort und geradeaus auf dieses angepeilte Ziel los.

Höchstwahrscheinlich wirst du das nicht schaffen. Denn dein Gleichgewichtsorgan ist von der »Drehzahl« noch gestört. Bei den Drehbewegungen deines Kopfes kam in deinem Innenohr eine Flüssigkeit in Bewegung. Kleine Härchen wie Sensoren melden deine Drehungen an das Gehirn, das sich ganz auf diese Bewegung einstellt. Wenn du plötzlich anhältst, dreht sich die Flüssigkeit in deinem Innenohr trotzdem weiter. Wenn du jetzt geradeaus gehen willst, läufst du im Bogen. Dein Gehirn schaltet nicht sofort um. Es reagiert im Moment so, als würdest du dich immer noch drehen.

☑		Meine Meinung
❑	L	Das Phänomen der Illusionen würde ich gerne näher untersuchen.
❑	S	Ich sammle gerne Abbildungen von optischen Täuschungen und Beispiele für Illusionen.
❑	R	Illusionen gehören für mich zur Realität, sie sind nur eine andere Abbildung der Wirklichkeit.
❑	W	Wer an Illusionen leidet, gehe zum Optiker oder gleich zum Psychiater.
❑	I	Ich rede gerne mit anderen über verschiedene Erscheinungsformen von Sinnestäuschungen.
❑	O	Mich interessiert, was genau bei einer Illusion im Gehirn passiert.
❑	Y	Bei dem Flaschentest möchte ich herausfinden, ob und wie ich mich selber austricksen kann.
❑	N	Der Flaschentest ist ein lustiges Partyspiel.
❑	K	Ob es genauso wirkt, wenn ich links- oder rechtsherum laufe?
❑	M	Mir wird schon schwindlig, wenn ich diese komische Beschreibung nur überfliege.

[36] Die Lochlupe

Tipp: Eine ausführliche Bauanleitung findest du unter www.wdr.de/tv/wissenmachtah/bibliothek/lochbildkamera.php5

Für diesen Test benötigst du ein paar Textzeilen aus einer Zeitung oder einem Buch, ein kleines Stück schwarzen Karton (von einem alten Schulheft?), ungefähr so groß wie eine halbe Postkarte, und eine Stecknadel.

Mit der Stecknadel stichst du ein winziges Loch mitten in die Karte. Fertig ist deine Lochlupe! Halte diese ganz dicht an dein Auge und lies dann in der Zeitung oder einem Buch. Du wirst überrascht sein, wie gut du durch dieses winzige Loch lesen kannst. Die Schrift erscheint dir sogar vergrößert.

Das Prinzip funktioniert ähnlich wie bei einem Fotoapparat. So wie die Bildschärfe durch die Blende zustande kommt, kommen durch die winzige Öffnung der Lochlupe nur ganz schlanke Strahlen durch. Die störenden Strahlenbündel am Rand, die das Bild unscharf machen würden, werden ferngehalten. Aber die Lichtstrahlen, die sich durch das winzige Loch gezwängt haben, verteilen sich dann sofort in die Breite und »beleuchten« die Buchstaben.

Nach diesem Prinzip funktioniert auch eine Lochbildkamera. Das ist der erste Fotoapparat, den es gab. Aus einer großen Streichholzschachtel, schwarzem Klebeband, etwas Alufolie und zwei Filmrollen kannst du dir sogar selbst eine Kamera bauen. Das Wichtigste ist, alle Lichtschlitze der Schachtel mit schwarzem Klebeband gut abzudichten. Nur durch ein winziges Loch in der Alufolie darf das Licht für einen kurzen Augenblick auf den Film fallen. Dann heißt es gleich wieder: »Klappe zu!«

☑		Meine Meinung
❑	O	In Physik heißt das Phänomen »Beugung des Lichtes«. Man kneift die Augen zusammen, um klarer zu sehen.
❑	K	Die Bauanleitung für eine Streichholzschachtelkamera schaue ich mir mal im Internet an.
❑	W	Die Lochlupe ist ein ziemlich löcherliches Instrument.
❑	I	Das wäre eine Gaudi, im Unterricht mit einer Lochlupe zu lesen.
❑	Y	Mit dieser Lochlupe werde ich einmal einige Vokabeln systematisch unter die Lupe nehmen.

[37] Wirklich wichtig

Wer keine Wünsche hat, ist (vielleicht) wunschlos glücklich. Trotzdem ist es gut, Wünsche zu haben. Wenn du etwas erreichen willst, steckt ja ein Wunsch dahinter. Je klarer du weißt, was du willst, desto eher kannst du es auch erreichen. Wenn du weißt, was du dir wünschst, kannst du dir auch Ziele setzen.

Kannst du »auf Kommando« mindestens sieben Wünsche nennen? In jeder Zeile ein Stichwort soll genügen:

____

____

____

____

____

____

____

Schau dir jetzt deinen Wunschzettel an und vergleiche deine Wünsche mit denen der folgenden fünf Mädchen und Jungen. Diese haben aufgeschrieben, wie sie sich ihr Leben in 20 Jahren vorstellen, wo und wie sie leben und was sie bis dahin erreicht haben möchten. Wem von diesen fünf Jugendlichen fühlst du dich am nächsten? Wer trifft deine Wünsche am ehesten?

Nadine

»Ich habe einen Traumprinz als Mann und zwei süße Kinder. Wir besitzen ein kleines Haus in einer wunderschönen Gegend. Wir sind eine glückliche Familie, haben ein angenehmes Leben und viel Zeit für Reisen.«

Felix

»Nach Abi und Studium bin ich sehr erfolgreich im Beruf. Ich habe eine attraktive Frau, die ebenfalls einen guten Job hat. Wir besitzen eine Traumvilla, haben beide ein sportliches Auto und machen Reisen rund um die Welt.«

Saskia

»Als Schauspielerin, Sängerin oder Tänzerin habe ich erfolgreiche Auftritte und viele Fans. Ich wusste schon als Mädchen, dass das nach Träumerei klingt, aber ich habe immer fest an mich geglaubt und alles dafür getan, mein Ziel zu erreichen – und ich hab's geschafft!«

Max

»Ich bin glücklich mit einer Frau, die mich wirklich liebt; wir haben ein Kind, vielleicht bekommen wir noch ein zweites. Ich habe eine gute Arbeitsstelle, und das Geld reicht uns zum Leben. Wir sparen, weil wir uns irgendwann ein kleines Häuschen bauen möchten. Wir haben viele gute Freunde.«

Fabienne

»Ich bin von Kopf bis Fuß gesund. Ich habe alle meine Sinne beisammen. Mit beiden Ohren kann ich gut hören, mit beiden Augen gut sehen, mit beiden Händen gut greifen und fühlen, ich habe einen guten Riecher und einen guten Geschmack. Und so laufe ich auf zwei gesunden Beinen durchs Leben.«

☑		Meine Meinung
☐	L	Meine Ziele sind mir auch ohne solche »Traumtypen« klar.
☐	I	Meine Wünsche muss ich nicht beschreiben oder aufschreiben – mir genügt, dass ich sie empfinde.
☐	K	Ich habe viele Wünsche und jeden Tag andere.
☐	S	Ich kann sofort sieben Ziele oder Wünsche aufschreiben, die mir wirklich wichtig sind.
☐	W	Was ich mir wünsche, geht niemanden etwas an.

[38] Doppelt sehen

Bilokation ist die Fähigkeit, zur selben Zeit an zwei verschiedenen Orten zu sein. Das ist normalerweise unmöglich. Das können vielleicht Geister oder Zauberer. Aber in Gedanken kannst du diese Fähigkeit einsetzen. Während du diese Zeilen liest, kannst du dir zum Beispiel vorstellen, wo du heute Morgen in der ersten Unterrichtsstunde gesessen bist. Siehst du dich jetzt im Klassenzimmer? Neben wem hast du gesessen? Siehst du, in welcher Körperhaltung du dort gesessen hast? Hast du dich die meiste Zeit gelangweilt hängen lassen oder überwiegend gerade und aufrecht gesessen?

- → Ein kurzer Versuch zwischendurch: Nimm einmal eine schlaffe Körperhaltung ein, lass den Kopf und die Schultern hängen. Schließe die Augen und betrachte dich von außen.
- → Nimm an, du wärst der Beobachter, der dich jetzt an deinem Schreibtisch sitzen sieht. Wie würde er deine Haltung beschreiben? Was würde er dir sagen, was würde er dir empfehlen?
- → Was würde dieser Beobachter zu dir sagen, wenn er dich nicht leiden kann? Was, wenn er dein bester Freund wäre? Was »hörst« du in diesem Zwiegespräch mit dir?

Sich selbst zu beobachten ist eine Reflexion. Reflektieren heißt spiegeln, nachdenken.

- → Und jetzt ein neuer Anlauf: Steh mal kurz auf und stell dich gerade hin. Kopf hoch, Brust raus. Halte Arme und Hände so, als wolltest du tatkräftig zupacken. Schließe erneut die Augen und betrachte dich von außen.
- → Du bist auch jetzt wieder der Beobachter, der dich an deinem Schreibtisch stehen sieht. Wie würde er deine neue Haltung beschreiben? Was würde er dir diesmal sagen? Kannst du ihn »hören«?

Wenn du dich in dieser Weise mit deiner äußeren Haltung befasst, spürst du vielleicht, wie davon etwas auf die innere Haltung abfärbt. Deine innere Haltung ist deine Einstellung zu dir selbst, zu deinen Mitschülern und Lehrern. Du hast eine Meinung von ihnen, eine gute oder weniger gute. Genauso hast du eine Einstellung zu jedem Unterrichtsfach, eine gute oder weniger gute. Du hast eine Meinung zu bestimmten Themen. Liegt dir ein Thema sehr am Herzen, vertrittst du deine Meinung auch nach außen.

Du kannst immer wieder ein Zusammenspiel zwischen der äußeren und inneren Haltung beobachten. Und die innere Haltung hat sehr viel mit Motivation zu tun.

Natürlich ist deine Motivation nicht immer gleich. Es gibt Unterrichtsfächer, die du mehr oder weniger magst. Du hast Lehrerinnen und Lehrer, die du sehr gut, weniger oder überhaupt nicht leiden kannst. Das geht Lehrern mit Schülern ganz ähnlich.

Willst du einmal den Unterschied deiner Motivation in zwei verschiedenen Fächern »schwarz auf weiß« sehen? Dann wähle deine beiden Kontrastfächer aus:

Mein Lieblingsfach: ______________________________

Mein Horrorfach: ______________________________

Kreuze in der Tabelle rechts in jeder Zeile die Aussage an, die am ehesten auf dich zutrifft. Was kannst du dir bescheinigen, wenn du dich in folgenden Situationen beobachtest?

Willst du mit dem Horrorfach beginnen? Damit du das Ergebnis gleich auf einen Blick sehen kannst, nimmst du am besten zwei verschiedene Farbstifte:

→ erster Durchgang für das Horrorfach in Blau oder Schwarz
→ zweiter Durchgang für das Lieblingsfach in Rot

☑		Meine Meinung
❑	Y	Die Kreuzchen von den beiden Durchgängen ergeben schon ein interessantes Bild.
❑	R	Für das freie Feld in der letzten Zeile ist mir eine tolle Formulierung eingefallen.
❑	N	Ich höre lieber direkt von anderen, wie die mich sehen.
❑	M	Mir reicht es, wenn ich mich im Spiegel sehe.
❑	O	Wer sich selbst beobachtet, sieht längst nicht alles, was die anderen sehen.

Mein Beobachter sieht, wie ich in diesem Fach …	fast immer	meis-tens	manch-mal	selten	fast nie
… bereitwillig meine Hausaufgaben mache	❑ ❑	❑ ❑	❑ ❑	❑ ❑	❑ ❑
… pünktlich zum Unterricht erscheine	❑ ❑	❑ ❑	❑ ❑	❑ ❑	❑ ❑
… Bücher, Hefte und mein »Handwerkszeug« dabeihabe	❑ ❑	❑ ❑	❑ ❑	❑ ❑	❑ ❑
… im Unterricht aufmerksam zuhöre	❑ ❑	❑ ❑	❑ ❑	❑ ❑	❑ ❑
… mit Klassenkameraden gut zusammenarbeite	❑ ❑	❑ ❑	❑ ❑	❑ ❑	❑ ❑
… anderen helfe und ihnen etwas erklären kann	❑ ❑	❑ ❑	❑ ❑	❑ ❑	❑ ❑
… mich melde und aktiv am Unterricht beteilige	❑ ❑	❑ ❑	❑ ❑	❑ ❑	❑ ❑
… eine klare Meinung habe und diese auch vertrete	❑ ❑	❑ ❑	❑ ❑	❑ ❑	❑ ❑
… mehr tue, als ich unbedingt tun muss	❑ ❑	❑ ❑	❑ ❑	❑ ❑	❑ ❑
…	❑ ❑	❑ ❑	❑ ❑	❑ ❑	❑ ❑

[39] Entscheidungstraining mit der Suchmaschine

Wenn du in einer Suchmaschine den Begriff »Mittelalter« eingibst, bekommst du so viele Treffer, dass du keine Chance hast, die Ergebnisse auch nur annähernd zu überblicken. Aber selbst wenn du die Suchbegriffe sehr viel konkreter und enger fasst und zum Beispiel ein so spezielles Thema eingeben würdest wie »Mittel gegen Hausaufgabenärger« – du bekämst immer noch mehr als 500 Treffer.

Jetzt musst du entscheiden, welchen Treffer du anklickst. *Du* bestimmst, welches Fenster du öffnen willst. Was dann daraus wird und was du damit machst, dafür bist du allein verantwortlich. Das gilt zum Beispiel auch, wenn du aus echtem Interesse zum Vergleichen oder aus purer Bequemlichkeit nach fertigen Hausaufgaben oder Referaten suchst.

»Wieso stundenlang über einem Referat oder einem längeren Aufsatz brüten, wo doch alles schon fix und fertig im Netz steht? Anklicken, downloaden, ausdrucken, durchlesen, abheften – fertig. Die Sache wäre zu schön, wären da nicht die Kosten und das fehlende Wissen. Hausaufgaben im Netz können ganz schön teuer werden – häufig steht Abzocke dahinter. Dazu kommt, dass es dem Lehrer immer seltener verborgen bleibt, wenn sich jemand mit fremden Federn schmückt. Es gibt inzwischen Software, mit der Lehrer Texte jeder Art im Internet auf ihre möglichen Quellen durchsuchen können. Selbst wenn nur Teile aus deinem Werk kopiert sind – die Sache fliegt auf. Von dem Lernaufwand ganz zu schweigen. Denn früher oder später kommst du nicht darum herum, dir die Dinge doch noch anzueignen.

Was tun? Wenn du das Internet zu Hilfe nimmst, solltest du dich bei seriösen Seiten über dein Thema informieren. Dabei kannst du, je nachdem, wie du argumentierst, dich auf einzelne Seiten als deine Quelle stützen. Du musst den Link jedoch als Quelle angeben und darfst die Inhalte nicht einfach als deine geistige Leistung angeben.«

Dieser in Anführungszeichen gesetzte Text ist komplett übernommen. Deshalb muss die Quelle hier auch angegeben werden: *www.labbe.de/info/sicher-im-netz (© Labbé Verlag).* Auf dieser Internetseite findest du auch die wichtigsten Regeln für den richtigen Umgang mit Suchmaschinen. Hier eine kleine Auswahl davon:

→ Suchmaschinen-Regeln

- → Suche in mehreren Suchmaschinen, wenn du für ein Referat oder einen Aufsatz nach umfassenden Informationen zu einem Thema suchst.
- → Verwende mehrere Suchbegriffe, um die Suche zu präzisieren und die Anzahl der Treffer einzugrenzen.
- → Achte bei den Ergebnissen auf versteckte Werbung. Klicke nicht auf Werbe-Links – sie liefern keine unabhängigen Informationen.
- → Lies den Vorschau-Text genau durch, bevor du klickst. Er liefert dir einen ersten Eindruck, ob es sich lohnt, den Link anzuklicken, oder ob sich dahinter Spammer oder Werbung verbergen.
- → Vertraue nicht jeder Information, auch wenn die Seite seriös aufgemacht ist. Sieh im Impressum nach, wer die Seite betreibt, und prüfe das Ergebnis anhand anderer Suchergebnisse nach, wenn du Zweifel hast.
- → Speichere Suchergebnisse, die deine Suchanfrage erfüllen, als Bookmark bzw. Favorit ab. Bilde für deine Favoriten eigene Verzeichnisse, zum Beispiel nach Schulfächern und Interessengruppen sortiert.

Quelle: www.labbe.de/info/suchen-im-netz (©Labbé Verlag)

Auf der Homepage *www.labbe.de* findest du eine ganze Reihe von spannenden Angeboten zu den Themen »Lernen« und »Motivation«. Da gibt es zum Beispiel auf der Seite »Lerntrix« eine Quizmaschine. Der Quizgenerator sagt dir, wie viel du in wichtigen Wissensgebieten draufhast. Du kannst fast jedes Unterrichtsfach aussuchen. Und in jedem Fach gibt es Quizfragen von der Grundschule bis zur 9. Klasse. Du wählst den Schwierigkeitsgrad der Themen aus und kannst dann in diesem Quiz erleben, wie du im Vergleich dastehst.

☑		Meine Meinung
❑	S	Die Suchmaschinen-Regeln sind eine hilfreiche Übersicht.
❑	I	Das Quizspiel, wie ich im Vergleich dastehe, interessiert mich sehr.
❑	L	Warum soll ich, wenn ich ein Buch lese, im Internet nachschauen?
❑	W	Die Lerntrix-Seite ist nur langweilig.
❑	K	Auf der Seite »Mellvil« gefällt mir das Angebot »Ideen haben« am besten.

[40] Clevere Fragen

Wer Fragen stellt, ist motiviert. Wer Fragen hat, will etwas wissen. Eine sehr unterhaltsame Form, mit Fragen umzugehen, bietet ein Quiz. Ein ganz besonderes Quiz, das man auch alleine spielen kann, ist eine »Denkmaschine« im Internet. Mit dieser Maschine kannst du in einen Wettbewerb treten. Du findet sie unter www.20q.net. In diesem Spiel kannst du

- auf Deutsch denken
- penser en Français
- pensar en Español
- pensare in Italiano

und noch in vielen anderen Sprachen. Du könntest es also zusätzlich noch als intensives Sprachtraining nutzen.

So ungefähr lautet die Einladung zu diesem Spiel: Du denkst an etwas, und die Wissensmaschine wird versuchen, es zu erraten, indem sie dir eine Reihe einfacher Fragen stellt. Stell dir etwas vor, das allgemein bekannt ist, zum Beispiel einen Wecker, ein Handy, ein Buch oder auch etwas Schwierigeres wie einen Aufsatz oder ein Zeugnis.

Angenommen, du denkst an ein Foto. Dann stellt die Maschine dir vielleicht folgende Fragen, und du klickst die passende Antwort an:

- **Frage 1:** Ist es ein Tier, eine Pflanze, ein Mineral, etwas Anderes, oder Unbekannt?
- **Antwort 1:** etwas Anderes
- **Frage 2:** Findet man es auf einem Schreibtisch? Ja, Nein, Unbekannt, Irrelevant, Manchmal, Vielleicht, Vermutlich, Eher nicht, Gewöhnlich, Kommt drauf an, Selten, Teils
- **Antwort 2:** Kommt drauf an
- **Frage 3:** Wiegt es mehr als eine Ente? Ja, Nein, Unbekannt, Irrelevant, Manchmal, Vielleicht, Vermutlich, Eher nicht, Gewöhnlich, Kommt drauf an, Selten, Teils
- **Antwort 3:** Nein
- **Frage 4:** Kann es gebogen werden, ohne zu zerbrechen? Ja, Nein, Unbekannt, Irrelevant, Manchmal, Vielleicht, Vermutlich, Eher nicht, Gewöhnlich, Kommt drauf an, Selten, Teils
- **Antwort 4:** Ja

Und so geht es munter weiter. Wenn du alle Fragen zutreffend beantwortest, findet die Maschine höchstwahrscheinlich mit weniger als 30 Fragen, woran du gedacht hast. Es ist verblüffend und witzig, welche Fragen diese Maschine sich »einfallen« lässt. Auf der Suche nach dem Foto tauchten Fragen auf wie:

- → Geht es in andere Dinge hinein?
- → Steht es auf zwei Beinen?
- → Hat es Federn?
- → Ist es flach?
- → Hat es Blätter?
- → Hält man es, wenn man es verwendet?

☑		Meine Meinung
❑	R	Ich werde mir einen ganz verrückten Begriff ausdenken und bin gespannt, wie das Quiz ausgeht.
❑	N	Dieses Quizspiel werde ich meinen Freunden (vielleicht per Facebook) empfehlen.
❑	M	Die Beschreibung hier im Buch macht mich überhaupt nicht neugierig.
❑	Y	So systematisch möchte ich auch fragen können.
❑	O	Das ist das Gute an den Fragen: Man muss seinen Begriff gut kennen und messerscharf mitdenken.

[41] Kopf oder Zahl?

Bist du ein Forschertyp, der gerne Vermutungen anstellt und dann herausfinden will, ob er mit seiner Annahme richtig liegt?

Vor einem Fußballspiel wird für die Platzwahl oft eine Münze hochgeworfen. Was wählst du, wenn du vor der Frage stehst: Kopf oder Zahl? Mit welcher Wahrscheinlichkeit gewinnst du?

Glaubst du, dass es ein Unterschied ist, ob du *eine Münze zwanzigmal* hochwirfst oder *zwanzig Münzen auf einmal*?

Hast du Lust, die Wahrscheinlichkeit zu berechnen? Dann darfst du mit Geld »um dich werfen«. Besorge dir zwanzig Münzen einer Sorte, am besten zwanzig 10-Cent-Stücke. Schüttle und mische sie gut zwischen deinen Händen und wirf sie gleichzeitig hoch.

Was schätzt du, wie viele Münzen auf Kopf oder Zahl aufkommen? Zähle nach und notiere das Ergebnis in einer Tabelle.

Hast du Muße, das Ganze zehnmal zu wiederholen? Dann erfüllst du schon eine der wichtigen Voraussetzungen, die ein Wissenschaftler erfüllen muss: messen und vergleichen, messen und vergleichen, messen und vergleichen …

Durchgang	1	2	3	4	5	6	7	8	9	10
Anzahl »Kopf«										
Anzahl »Zahl«										

Wahrscheinlich fällt dir schon beim Betrachten dieser Zahlen eine relative Häufigkeit auf. Nähert diese sich der vorher schon gefühlten Häufigkeit von »halbehalbe«? Wenn du es ganz korrekt machen möchtest, kannst du jetzt die relative Häufigkeit ausrechnen:

- Dazu teilst die Anzahl »Zahl« im 1. Durchgang durch 20 und trägst das Ergebnis in der nächsten Tabelle in der Zeile »relative Häufigkeit« ein.
- Die Anzahl »Kopf« vom 2. Durchgang addierst du mit der Anzahl »Kopf« vom 1. Durchgang und teilst diese Summe durch 40. Das Ergebnis schreibst du in die zweite Spalte.
- Als Nächstes addierst du die Anzahl »Kopf« der ersten drei Durchgänge und dividierst die Summe durch 60.
- So geht die Untersuchung weiter, bis du beim letzten Durchgang alle zehn Zahlen addierst und diese Summe durch 200 teilst.

Durchgang	1	2	3	4	5	6	7	8	9	10
relative Häufigkeit »Kopf«										
relative Häufigkeit »Zahl«										

☑		Meine Meinung
☐	L	Das »Geldwurfspiel« ist mir zu simpel. Ich berechne lieber anspruchsvollere Aufgaben.
☐	Y	Messen und vergleichen, messen und vergleichen – so etwas mache ich ganz gerne.
☐	K	Ich habe noch andere Ideen, was ich jetzt mit diesen Münzen machen kann.
☐	N	Ich würde mein Ergebnis gerne mit dem eines anderen vergleichen.
☐	W	Ich habe kein Geld zum Werfen.

[42] Daumen-Weltrekord

Vor einigen Jahren hatte die englische Boulevardzeitung »The Sun« einen SMS-Schnellschreibwettbewerb ausgeschrieben. Der Text für eine Standard-SMS mit 160 Zeichen war vorgegeben:

»The razor-toothed piranhas of the genera Serrasalmus and Pygocentrus are the most ferocious freshwater fish in the world. In reality they seldom attack a human.«

Wie lange bräuchtest du für diesen Satz? Wenn du üben willst, hier der skurrile Text auf Deutsch:

»Die Piranhas der Gattungen Serrasalmus and Pygocentrus mit rasierklingen-scharfen Zähnen sind die wildesten Süßwasserfische der Welt. In Wirklichkeit greifen sie selten Menschen an.«

Unter www.teltarif.de war am 27.3.2005 zu lesen: »Der Fabrikarbeiter Craig Crosbie ging als Sieger hervor. Er benötigte nur knapp 48 Sekunden und schaffte mit seiner Leistung auch den Weg ins Guinness-Buch der Rekorde.«

Umgerechnet tippt der Schotte also etwa 200 Zeichen pro Minute – eine Leistung, die viele Menschen nicht einmal im Zehn-Finger-System auf einer Schreibmaschinen- oder Computertastatur schaffen. Für seine Leistung kassierte Craig Crosbie neben dem Eintrag ins Guiness-Buch der Rekorde auch eine Siegprämie von 50.000 Pfund.

Aber schon ein Jahr später meldete der »Spiegel« am 29.7.2006: »Ein 18-Jähriger aus dem US-Bundesstaat Utah hat sich mit der schnellsten SMS aller Zeiten in das Guinness-Buch der Rekorde ›gesimst‹. Ben Cooke schaffte den Text mit 160 Zeichen bei einem Wettbewerb in Denver (Colorado) in der Rekordzeit von 42,22 Sekunden.«

Nur knapp vier Monate später war unter www.spiegel.de am 13.11.2006 zu lesen: »Ben Cooke aus dem US-Staat Utah hatte die 160 Zeichen vor wenigen Monaten in 42,22 Sekunden in ein Mobiltelefon getippt. Nun musste er die Rekordmarke abgeben – an einen 16-jährigen Schüler aus Singapur. Der SMS-te die Weisheiten über gefährliche Süßwasserfische in nur 41,52 Sekunden, sieben Zehntelsekunden schneller als Cooke. Der Junge hat viel Übung: Er schreibe mehr als 1.000 SMS im Monat an Freunde und Familie, sagte er der Zeitung.«

Und www.netzwelt.de brachte diese Sensationsmeldung am 24.8.2010: »Franklin Page, ein 24-jähriger Amerikaner, der den Text in 35,54 Sekunden geschrieben hatte, muss seinen Weltmeistertitel jetzt abgeben an die Britin Melissa Thompson. Die 27-Jährige aus Manchester schaffte den Text in genau 25,94 Sekunden und ist somit die schnellste SMS-Schreiberin der Welt. Für den Eintrag ins ›Guinness Book of World Records‹ muss der Rekord jetzt noch offiziell anerkannt werden. Aufgestellt wurde der Rekord auf einer Samsung-Roadshow. Benutzt wurde ein Samsung Galaxy S und die Touchscreen-Texteingabehilfe Swype. Damit braucht man zum ›Tippen‹ einer Nachricht die Finger nicht absetzen.«

☑		**Meine Meinung**
❑	S	Wie viele Zeichen haben die Weltmeister pro Sekunde getippt? Ob ich das mal ausrechne?
❑	O	Wer nicht denken muss, schafft vieles schneller.
❑	I	Der Frau würde ich gerne mal auf die Finger schauen.
❑	M	Nur langsam! Es heißt doch, der Rekord muss erst noch offiziell anerkannt werden.
❑	R	So eine irre Motivation hätte ich gerne für eine andere Disziplin.

[43] Aufschieberitis – eine Krankheit?

Schiebst du Aufgaben »gerne« vor dir her? Erledigst du unangenehme Dinge auf den letzten Drücker? Fängst du erst am letzten Tag vor einer Klassenarbeit mit der Vorbereitung an?

Dieses Verhalten heißt *Prokrastination*. Darin steckt das lateinische Wörtchen *cras* – und das heißt *morgen*. Manche nennen es auch eine »Krankheit«. Ein bisschen stimmt das sogar. Denn dahinter steckt die Angst zu versagen. Diese Angst raubt Energie, sie macht lustlos, kraftlos, manchmal auch mutlos.

Das Problem aber bleibt. Denn durch das Aufschieben wird die Aufgabe ja nicht gelöst. Im Gegenteil, die Verzögerung verstärkt das Unbehagen und die Abneigung gegen die Aufgabe. Während ich die Aufgabe vor mir herschiebe, wird sie ständig größer, der Berg wird immer höher.

Je größer der Zeitdruck, desto mehr nimmt das eigentliche Arbeitstempo ab, das Risiko für Fehler aber steigt.

Natürlich kann es auch sein, dass du erst unter Zeitdruck zu deiner Höchstform aufläufst. Wäre es da einen Versuch wert, den Schlusstermin »künstlich« etwas weiter nach vorne zu verlegen?

Denn wenn du scheinbar noch Zeit hast, wird die Versuchung immer größer, »tausend andere Dinge zu tun«, statt diese unangenehme Aufgabe zu erledigen. Alles ist jetzt besser, schöner, angenehmer oder erscheint sogar wichtiger und dringlicher als die unangenehme Vorbereitung der Mathearbeit. Da hilft nur eins: *Stopp! Raus aus dem Internet, rein ins Matheheft!*

Vielleicht ist dir auch mit dem 4-Tages-Plan auf der nächsten Seite gedient?

☑		Meine Meinung
❑	K	Ich finde immer eine gute Ausrede.
❑	Y	Mit einem guten Wochenplan kann ich mir manchen Stress ersparen.
❑	N	Über wichtige Termine verständige ich mich gern mit einer Freundin oder einem Freund per SMS.
❑	W	Wer seine Arbeit liebt, der schiebt.
❑	L	Ich denke öfter darüber nach, wie ich Wichtiges von Unwichtigem unterscheide.

4-Tages-Plan

1. Tag

- Überblick verschaffen!
- Was muss ich können?
- Wo kann ich das nachlesen?
- Wo muss ich noch (für mich Neues) lernen und üben?
- Mit dem Lernen beginnen!

Schlaue besorgen sich rechtzeitig alte Klassenarbeiten zum jeweiligen Thema!

2. Tag

- Gezielt lernen!
- Auf Schwachstellen konzentrieren!
- Nicht überlernen!

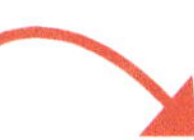

3. Tag

- Gemeinsam mit Klassenkameraden üben, sich Fragen stellen und gegenseitig erklären!
- Klassenarbeit selbst erstellen oder alte zur Vorbereitung bearbeiten!

Spickzettel erstellen! Von DIN A2 auf DIN A7 verkleinern!

4. Tag

Ein Tag vor der Klassenarbeit

- Den ganzen Stoff konzentriert wiederholen!
- Nichts Neues mehr lernen und nicht bis zur letzten Minute arbeiten!
- Das Gefühl von Sicherheit schaffen!

[44] Einfache Zielobjekte

Sitzt du manchmal vor deinen Hausaufgaben und weißt nicht, womit du anfangen sollst? Du kannst dich nicht konzentrieren und hast überhaupt keine Lust. Dann könntest du dich vielleicht mit einer kleinen Konzentrationsübung in Lernstimmung bringen.

Du nimmst eine alte Zeitung. Dann überlegst du dir zwei Wörter, von denen du in zwei oder drei Minuten möglichst viele finden und durchstreichen willst. Du konzentrierst dich zum Beispiel auf alle »und« und »oder«.

Bevor du loslegst, stellst du einen Küchenwecker oder auf deinem Handy einen Weckruf ein. Damit du richtig in Fahrt kommst, ist bei dieser Übung der Zeitdruck wichtig.

Sobald du gestartet bist, »fliegst« du mit dem Kuli oder Bleistift wie ein Adler über die Textzeilen. Jedes Mal, wenn dir ein »und« oder ein »oder« ins Auge springt, saust dein Stift auf dieses Wort und streicht es durch.

Wenn das Handy oder der Küchenwecker klingelt, hörst du auf und zählst deine Treffer. Wie viele hast du in dieser knappen Zeit erzielt?

Nun gehst du vom letzten durchgestrichenen Wort die Zeilen rückwärts durch. Du prüfst nun sehr viel langsamer, ob du eines oder mehrere deiner Zielobjekte übersehen hast. Die Anzahl notierst du als Nachlese und darfst sie zu deinen Treffern addieren. Je nach Ausbeute bist du bestimmt motiviert, dich auf sinnvollere Aufgaben zu konzentrieren.

Zielobjekte	Trainingszeit	Treffer	Nachlese	Bemerkungen
und – oder	3:00 Minuten	12	5	Ausbeute 17
mit – sie	3:00 Minuten	19	10	Ausbeute 29 – gute Steigerung!

Zielobjekte	Trainingszeit	Treffer	Nachlese	Bemerkungen

Zum Abschluss deiner »Wörter-Abschussliste« kannst du das Zeitungsblatt in der Mitte falten, sodass es nur noch halb so groß ist. Nun faltest du es wieder in der Mitte, dann zum dritten, vierten, fünften, sechsten Mal. Schaffst du es sogar noch ein siebtes Mal?

Wie viele Schichten Zeitungspapier enthält der Knubbel, den du am Schluss in Händen hältst? Wie rechnest du das am schnellsten aus?

→ Zeitung auseinanderfalten und Felder zählen?
→ Oder mathematisch? ($2 \times 2 \times 2 \times 2 \times 2 \times 2 \times 2 = ?$)

☑		Meine Meinung
❑	S	Das ist tatsächlich ein gutes Konzentrationstraining.
❑	R	Ich wähle beim nächsten Mal Wörter, die noch häufiger vorkommen, zum Beispiel »der, die, das«.
❑	O	Diese Übung ist ja ganz nett, aber doch nicht sehr geistreich.
❑	M	Das ist mir alles viel zu kindisch.
❑	I	Ein kleiner Wettkampf mit Freunden wäre ganz lustig.

[45] Richtige Reihenfolge

Es ist oft sehr hilfreich und meistens sinnvoll, für seine Arbeitsschritte eine Reihenfolge festzulegen – also zu entscheiden, mit welcher Aufgabe ich beginne, welche ich unbedingt heute erledigen will oder muss und welche ich auf morgen verschieben kann. Fast überall, wo ich ein gutes Ergebnis erzielen will, muss ich einen Plan für eine Reihenfolge haben. Rechts ein Beispiel, in dem der Sinn und Zweck einer Reihenfolge sehr schön und klar zum Ausdruck kommt.

Noch ein Tipp zur Reihenfolge auf dem Weg in die Pause: Leg dir etwas zurecht, womit du nach der Pause weitermachen möchtest. Das macht es etwas leichter, aus der Pause wieder in die Arbeit zu finden.

☑		Meine Meinung
❑	N	Mit welcher Aufgabe ich anfange, hängt oft von meiner Stimmung ab.
❑	Y	Ich arbeite gerne nach einem Plan und halte mich an eine klare Reihenfolge.
❑	K	Eine festgelegte Reihenfolge kann auch ein Korsett sein. Ich bin gern flexibel.
❑	L	Ich sortiere meine Aufgaben nach Schwierigkeitsgrad und fange gerne mit der schwersten an.
❑	W	Ich hab keinen Plan und brauch keinen Plan.

→ Fotos verkleinern fürs Web

Verkleinern und Skalieren: Wie und in welcher Reihenfolge?

Das Web verlangt kleine Dateien – das gilt auch für Bilder. Das Verkleinern von Bilddateien geht jedoch immer mit einem Qualitätsverlust einher. Beim Bearbeiten geht es also darum, den goldenen Mittelweg zu finden zwischen einem optimal präsentierten, das heißt ansehnlichen Foto und einer möglichst geringen Datenmenge.

Wie verkleinert man Fotos am Computer?

Alle Bildbearbeitungsprogramme bieten eine Skalieren-Funktion, also die Möglichkeit, Fotos zu verkleinern oder zu vergrößern. In Qualität und Bearbeitungskomfort gibt es gewisse Unterschiede. Wenn du diese Funktion vermisst, hast du womöglich nur einen einfachen Foto-Viewer installiert, der es dir zwar erlaubt, Bilder zu betrachten, aber nicht, diese auch zu bearbeiten. In diesem Fall musst du dir eines der vielen Bildbearbeitungsprogramme herunterladen und installieren. Kostenlose Software sind etwa IrfanView, GIMP oder Picasa.

Die Reihenfolge der Arbeitsschritte

1. Bildbearbeitung (Drehen, Helligkeit, Kontraste, Farben etc.)
2. Bild verkleinern
3. Beschriftung hinzufügen, falls gewünscht
4. Bild/Text schärfen
5. Bild unter neuem Namen/in einem neuen Ordner als JPG speichern

Skalieren bitte nur einmal!

Grundsätzlich gilt: Ein Foto sollte nur ein einziges Mal skaliert werden. Jeder weitere Vergrößerungs- oder Verkleinerungsschritt würde die Bilddaten zu stark beschädigen. Deswegen ist das Skalieren der vorletzte Schritt jeder Bildbearbeitung.

Nach dem Verkleinern müssen Fotos fast immer nachgeschärft werden. Das Schärfen bzw. Unscharf-Maskieren sollte folglich der jeweils letzte Bearbeitungsschritt sein.

Vielleicht soll ein Schriftzug oder ein Grußtext auf das Foto geschrieben werden? Bei Fotos mit eingeblendetem Text ist es besonders wichtig, die Bearbeitungsschritte in der richtigen Reihenfolge vorzunehmen, um optimale Ergebnisse zu erhalten. Verkleinert man ein bereits beschriftetes Foto, kommt es leicht dazu, dass die Schrift unansehnlich, zu klein oder pixelig wird. Darum ist es günstiger, das Foto zuerst auf die gewünschte Größe zu skalieren und erst danach den Text auf das Bild zu schreiben.

nach: Jacqueline Esen, www.akademie.de/wissen/bilder-fuers-web-verkleinern-schaerfen-speichern/reihenfolge

[46] Punkte im Flow

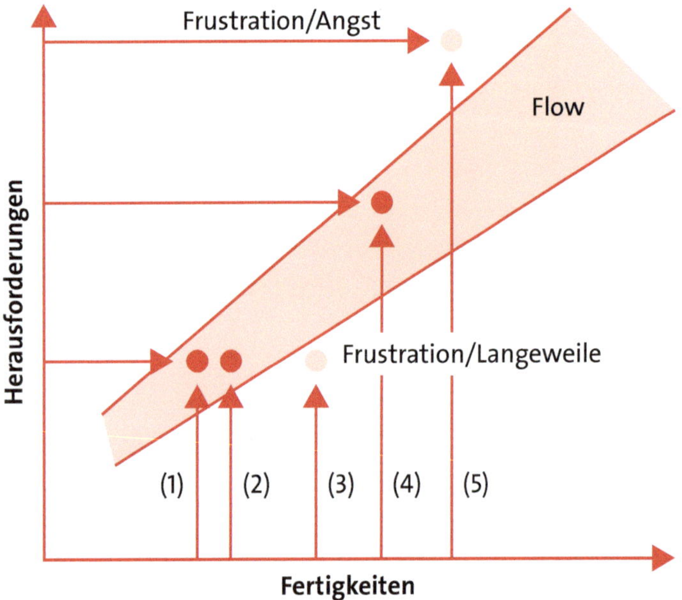

An dieser Grafik kannst du Erfolgspunkte ablesen. Das sind die Punkte, die im Flow-Kanal platziert sind. Zum Beispiel

- → **die Punkte (1) und (2):** Die Aufgabe ist nicht allzu schwierig, die Herausforderung ist gering. Weil aber auch das Können und Wissen, die Fähigkeiten und Fertigkeiten (noch) gering sind, landen die Punkte im Flow-Kanal.
- → **Punkt (3)** hingegen liegt daneben. Die Aufgabe ist zu einfach, die Herausforderung zu gering. Wer mehr kann, als die Aufgabe ihm abverlangt, fühlt sich unterfordert, spürt Frustration und Langeweile. Der Erfolgspunkt liegt im Abseits.
- → Mit **Punkt (4)** ist wieder alles in bester Ordnung. Die Aufgabe ist ziemlich schwierig, die Herausforderung hoch, aber auch das Können, die Fähigkeiten und Fertigkeiten sind hoch – wieder ein Punkt im Flow.
- → **Punkt (5)** zeigt, dass die Aufgabe zu schwer, die Herausforderung zu hoch ist. Trotz der recht hohen Fertigkeiten reichen diese nicht aus, dass sich ein Erfolgserlebnis einstellt. Der Punkt schießt über das Ziel hinaus. Die Überforderung führt zu Frustration, Entmutigung, vielleicht sogar wegen zu hohem Leistungsdruck zu Angst. Diese Situation kann aber auch ein Ansporn sein, seine Fertigkeiten steigern zu wollen.

Es macht keinen Spaß, Dinge zu tun, die viel zu einfach für dich sind. Genauso wenig bist du motiviert, wenn du etwas tun sollst, was viel zu schwierig für dich ist. Es ist also schwierig, dich für Dinge zu interessieren, in denen du schon komplett Bescheid weißt oder von denen du noch überhaupt keine Ahnung hast.

Einen besonderen Motivationsschub bekommst du jedes Mal, wenn du etwas geübt hast und dann feststellst, dass es besser geht als vorher. Wenn du siehst, dass sich die Arbeit gelohnt hat, spürst du ein Erfolgserlebnis. In deinem Gehirn schaltet sich das Belohnungssystem ein, das dich zu neuen Taten anspornt.

Möchtest du in nächster Zeit hin und wieder deine Erfolgspunkte sehen? Wie hoch schätzt du bei einer Aufgabe die Herausforderung für dich und wie hoch deine Fertigkeiten ein? Vielleicht markierst du vor der Arbeit mit einem Kreuzchen, wo du vermutest, dass dein Erfolgspunkt landen wird. Und nach getaner Arbeit malst du einen Punkt, wo du tatsächlich gelandet bist.

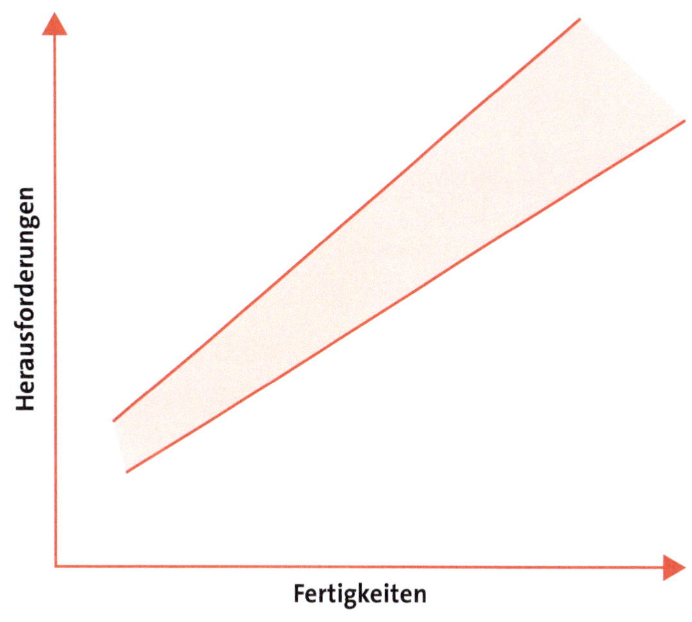

☑		Meine Meinung
❑	M	Ich glaub, mich beißt ein Floh.
❑	I	Ich kann mir das gut vorstellen: Es tut bestimmt gut, im »Flow-Kanal« zu schwimmen.
❑	S	Ich werde das Modell anwenden und dann hoffentlich viele Punkte im »Flow-Kanal« sammeln.
❑	R	Ich suche mir eine Disziplin aus (Sport, Musik ...), in der ich mal »Flow-Punkte« malen kann.
❑	O	Eine Herausforderung nehme ich grundsätzlich gerne an, aber ich prüfe vorher, was ich kann.

[47] Der Ball ist rund

Wenn du alle Nähte eines Fußballs auftrennen würdest, könntest du sowohl Sechsecke als auch Fünfecke nebeneinanderlegen. Warum gibt es diese unterschiedlichen Formen?

Würdest du nur gleichförmige Sechsecke zusammennähen, gäbe das niemals eine Kugel. Es bliebe ein flacher Lederteppich. Ordnest du aber rund um ein Fünfeck an jeder Kante ein Sechseck mit gleicher Kantenlänge an, entsteht eine gewölbte Fläche.

Ein Fußball besteht aus solchen gewölbten Flächen und ist wissenschaftlich ausgedrückt ein *abgestumpftes Ikosaeder.* Erforscht hat diese Molekülform der Architekt Richard Buckminster Fuller. Ihm zu Ehren wurde das Gebilde *Bucky Ball* genannt. Da ein Fußball dieselbe Struktur hat, könnte man es auch *Fußballmolekül* nennen.

Preisfrage:

Wie viele Fünf- und wie viele Sechsecke benötigt man für einen runden Ball?

(Lösung auf Seite 98)

☑		Meine Meinung
❑	L	Das ist doch schnell ausgerechnet.
❑	W	Soll jetzt auch noch ein Fußball für Mathe motivieren?
❑	K	Gute Idee: Für einen Fußballfan mache ich vielleicht so einen Ball aus Pappkarton. Das wäre eine prima Verpackung für ein Geburtstagsgeschenk.
❑	N	Die Frage werde ich unserem Sportlehrer stellen: Was ist ein Ikosaeder?
❑	Y	Ein Fußball ist doch ein formschönes Gebilde.

[48] Fehler in vier Stufen

Wenn andere einen Fehler bemerken, den du gemacht hast, gibt es verschiedene Möglichkeiten, wie sie darauf reagieren:

1. Sie lachen dich aus oder verspotten dich.
2. Sie machen dich auf den Fehler aufmerksam.
3. Sie kritisieren dich.
4. Sie belehren dich.
5. Sie schimpfen mit dir.
6. Sie beachten den Fehler gar nicht.
7. Sie haben Mitleid mit dir.
8. Sie trösten dich.

Welche dieser Reaktionen magst du? Welche machen dich böse, wütend oder traurig? Welche Reaktionen sind dir eine Hilfe?

Fehler sind ärgerlich oder peinlich, manchmal auch lustig. Normalerweise ist es unangenehm, wenn einem ein Fehler passiert. Aber es gibt vier Stufen, wie du Fehler am besten überwindest:

→ **Stufe 1:** Den Fehler erkennen
Es ist wichtig, dass du überhaupt bemerkst, einen Fehler gemacht zu haben.

→ **Stufe 2:** Den Fehler zugeben
Wer Fehler zugeben kann, beweist Mut und Stärke. Schwächlinge suchen die Schuld immer nur bei den anderen.

→ **Stufe 3:** Aus dem Fehler lernen
Hier heißt die Frage: Was kann ich aus dem Fehler lernen, damit er mir nicht wieder passiert?

→ **Stufe 4:** Den Fehler abhaken
Es bringt nichts, immer wieder auf dem Fehler herumzuhacken. Wenn ich die Stufe 1, 2 und 3 genommen habe, soll es auch gut sein.

→ Fehler zugeben, Lügen beichten, schlechte Noten mitteilen ...

Peinlich, peinlich. Du hast etwas verbockt und deine Eltern wissen noch nichts davon. Hast du Angst, dass du bestraft wirst, wenn es herauskommt? Willst du »die Sache« lieber aussitzen? Das ist keine gute Lösung! Warum? Je schlimmer dein Fehler ist, umso schwerer liegt er dir im Magen – du wirst nervös, kannst nicht einschlafen, dich nicht konzentrieren, hast ständig ein schlechtes Gewissen und Angst, dass eines Tages doch alles irgendwie herauskommt ...
Was tun? Warte nicht, bis deine Eltern, ein Erzieher oder dein Lehrer von anderen davon erfahren. Erzähle selbst, was vorgefallen ist. Diese Methode hat einen riesengroßen Vorteil: Nur wenn du die Sache selbst zur Sprache bringst, hast du die Chance, alles so darzustellen, wie du es erlebt hast. Und: Du wirkst ehrlich! Das macht dich – trotz deines Fehlers – sympathisch.

Fehler zugeben – so klappt es:
Wem willst du sagen, was Sache ist? Vater oder Mutter – mit wem kommst du besser klar? Meistens ist es geschickter, über Fehler in einem Vier-Augen-Gespräch zu sprechen.
Wann ist der beste Zeitpunkt? Wichtig ist, dass ihr beide ungestört seid und nicht unter Zeitdruck steht.
Wo könnt ihr euch unterhalten? Wähle eine Gesprächssituation, in der ihr gleichberechtigt gegenübersteht. Wie wäre es auf der Bank hinten im Garten? Oder im Wohnzimmer auf der Couch?
Falle nicht mit der Tür ins Haus. Erzähle Schritt für Schritt, was vorgefallen ist: Wo und was genau ist geschehen? Warum ist es passiert, gibt es eine Vorgeschichte? Was hast du gemacht, wie haben sich die anderen verhalten? Wie ist der Stand der Dinge jetzt?
Auch wenn andere mitbeteiligt waren – schiebe die Schuld nicht auf sie! Denke daran: Du allein bist für dein Handeln verantwortlich.
Suche eine Lösung. Egal ob schlechte Note, Sachbeschädigung, Klauen oder sonst ein Fehler – an dem, was passiert ist, ist nichts mehr zu ändern. Jetzt geht's darum, in die Zukunft zu schauen. Überlege dir: Wie willst du den Schaden wiedergutmachen? Wie wirst du dich in einer ähnlichen oder gleichen Situation verhalten? Sprich offen und ehrlich darüber und mache konkrete Vorschläge!

Quelle: www.labbe.de/info/fehler-zugeben (©Labbé Verlag)

Hast du schon einmal eine der folgenden Situationen erlebt? Dann könntest du ja ein Stichwort eintragen und den Fehler in vier Stufen bearbeiten.

→ Das ist mir mal passiert – ein richtig blöder Fehler:

____

____

→ Das habe ich mal kaputt gemacht – und es war auch noch meine Schuld:

____

____

→ Das habe ich mir mal gekauft – es war der größte Reinfall:

____

____

☑		Meine Meinung
❑	S	Wenn wir eine Klassenarbeit zurückbekommen, schaue ich mir die korrigierten Fehler sehr genau an.
❑	O	Ich will alles perfekt machen, darum ist jeder Fehler ein Fehler zu viel.
❑	M	Ich mache keine Fehler.
❑	I	Ich muss zugeben, dass ich Kritik nicht gut vertrage.
❑	R	Fehler kann ich gut zugeben. Ich versuche, es in einem neuen Anlauf besser zu machen.

[49] Unmögliche Figuren

Tipp:
Die Treppen von M. C. Escher findest du im Internet mit den Suchwörtern »Escher« und »relativity«.

Von einer Person zu sagen: »Die hat aber eine unmögliche Figur«, ist alles andere als ein Kompliment. Bei optischen Täuschungen oder Illusionen ist das etwas anderes. Da sind unmögliche Figuren äußerst reizvoll. Der schwedische Künstler *Oscar Reutersvärd* (1915–2002) hat die Kunst der unmöglichen Objekte eingeführt, er wurde auch »Vater der Unmöglichkeit« genannt. Seine erste bekannte, absichtlich gezeichnete unmögliche Figur stammt aus dem Jahr 1934. Sie erweckt den Eindruck von neun Würfeln, die auf unmögliche Weise im Raum angeordnet sind.

Später hat der niederländische Künstler und Grafiker *Maurits Cornelis Escher* (1898–1972) viele solcher unmöglichen Objekte gezeichnet. Er wurde weltberühmt mit seinen Treppen, die man nach unten gehen muss, um hochzusteigen, und um treppab zu gehen, muss man das Auge Stufe für Stufe nach oben wandern lassen. Diese geniale Perspektive hatte wohl nichts damit zu tun, dass M. C. Escher ein ziemlich schlechter Schüler war. Er musste zwei Klassen wiederholen und hatte trotz seiner zeichnerischen Begabung sogar im Fach Kunst schlechte Noten.

Eine weitere »unmögliche Figur« ist das *Penrose-Dreieck*. Es zeigt drei Balken, die jeweils im rechten Winkel zueinander stehen und trotzdem zu einem Dreieck verbunden sind. Das ist nach den Gesetzen der Geometrie gar nicht möglich. Denn die Summe der Winkel in einem Dreieck beträgt immer 180 Grad, da müssten dreimal 90 Grad den Rahmen sprengen.

Wenn du eine Ecke abdeckst, scheint die Figur doch möglich zu sein. Aber ist sie dann noch ein Dreieck?

Hast du Lust, solche Figuren nachzuzeichnen oder selbst zu erfinden? Dann könntest du dich mit Bleistift, Lineal und vor allem einem Radiergummi an die Arbeit machen. Wenn du sehen willst, wie ein Penrose-Dreieck Schritt für Schritt entsteht, kannst du in einem kurzen Videofilm einer zeichnenden Hand zuschauen: www.youtube.com/watch?v=Sfw205LgdDg

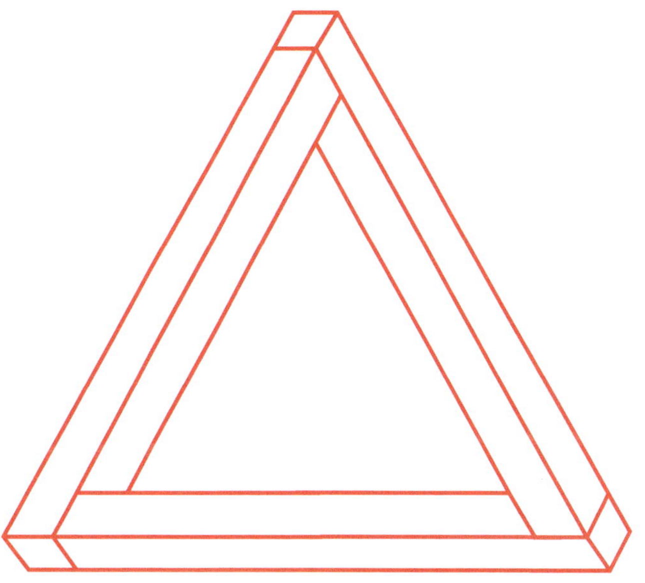

☑		Meine Meinung
❑	I	Ich beurteile niemanden nach seinem Äußeren. Aber einige haben wirklich eine »unmögliche Figur«.
❑	M	Die Figuren sind alle ziemlich schräg.
❑	O	Ich versuche dahinterzukommen, warum das Auge mir diesen Streich spielt.
❑	R	Das Penrose-Dreieck werde ich abzeichnen.
❑	S	Bei den Würfeln von Oscar Reutersvärd orientiere ich mich an dem Stern in der Mitte.

[50] Planking and Owling

Eine Motivation der besonderen Art zeigen die Fans von Planking. Das ist eine relativ neue »Sportart« für das Internet. Dabei legt sich eine Person mit dem Gesicht nach unten und seitlich angelegten Armen an öffentlichen Plätzen stocksteif hin und lässt sich fotografieren, um das Foto ins Netz zu stellen.

Die beiden Engländer Gary Clarkson (*1982) und Christian Langdon (*1985) begannen Ende der 90er-Jahre, sich an allen möglichen Plätzen stocksteif hinzulegen, und nannten es »Lying Down Game«, das »Hinlegen-Spiel«. Mit der Zeit suchten sie sich immer gewagtere Plätze aus. Langdon hing von einem Hausdach und Clarkson legte sich auf einen spitzen Zaun. Ende 2007 starteten die beiden »The Lying Down Game« als Facebook-Gruppe. Diese zog in den ersten beiden Wochen über 1.500 Mitglieder an. Im September 2009 hatte sie schon mehr als 60.000 Mitglieder, die ihren »Sport« seit Juli 2010 Planking nennen.

Unter diesem Namen hat sich das Spiel in Australien rasch verbreitet. Der Moderator einer Sportsendung plankte sich auf ein Auto und einen Abfalleimer. Die Planks wurden immer ausgefallener und riskanter. Am 15. Mai 2011 starb der 20-jährige Acton B. in Brisbane, als er beim Planking vom Balkon sieben Stockwerke in die Tiefe fiel. Nur wenige Tage später gab es einen weiteren schweren Unfall: Ein 20-jähriger Australier stürzte von einem fahrenden Auto und wurde schwer verletzt.

Inzwischen sind weit über 100.000 Mitglieder eingetragen, und es stehen mehr als 20.000 Fotos im Netz.

Doch schon heißt es: »Planking war gestern – jetzt ist Owling angesagt.« Beim Owling stellen sich die Teilnehmer nicht mehr als steifes Brett dar wie beim Planking, sondern machen die »Eule«: Sie gehen mit geschlossenen Beinen in die Hocke, legen die Arme wie Flügel an und blicken mit starren Augen wie ein Nachtvogel ins Leere. Fotos in dieser Pose wollen zum nächsten Trend eines schrägen Internet-Humors werden.

Ob diese Masche wirklich zum »Meme« werden kann, das heißt zu einer Idee, die sich über die Kommunikation im Netz immer weiter verbreitet, ist ungewiss. Verschiedene Internet-Portale berichteten eher mit ironischem Unterton über das »Owling«. Doch bei Facebook und Twitter ist es angekommen. Die Motivation, über »Owling« zu twittern, ist laut *trendsmap.com* vor allem in den USA riesengroß. Aber auch in Belgien und den Niederlanden sowie in Kenia, Südafrika, Laos und Malaysia sei das »Eulenfieber« ausgebrochen.

☑		Meine Meinung
❏	S	Diese Menschen sind sehr konzentriert und zum Teil unheimlich mutig.
❏	I	Ich stehe gerne im Internet, aber Planking und Owling kämen für mich nicht infrage.
❏	R	Sich in einer so gelangweilten Pose fotografieren zu lassen ist ziemlich fantasielos.
❏	M	Planking, das »Hinlegen-Spiel«, könnte ich jeden Tag in der Schule ausprobieren.
❏	O	Ich ärgere mich, dass ich mir diesen Stumpfsinn im Internet angeguckt habe.

Lösungen

Lösung zu Checkpoint 18 (S. 40)

immer/fast immer/sehr häufig/ziemlich oft/manchmal/fast nie

Lösung zu Checkpoint 24 (S. 50)

Eine 2-Euro-Münze wiegt so viel wie
- → 4 Stücke à 1 Cent
- → 3 Stücke à 2 Cent
- → 2 Stücke à 5 Cent

und etwas weniger als
- → 2 Stücke à 10 Cent
- → 2 Stücke à 20 Cent

und kaum mehr als
- → 1 Stück à 50 Cent

Lösungshinweis zu Checkpoint 30 (S. 60)

Die Lösung findest du am besten durch Ausprobieren: Wenn du nach und nach etwas Wasser aus der Flasche ausschüttest und sie immer wieder in das Wasser setzt, wirst du irgendwann sehen, ab wann sie schwimmt und wie viel Tiefgang sie hat.

Um diesen Vorgang zu verstehen, ein kurzer Ausflug in die Physik: Ob ein Gegenstand im Wasser schwimmt oder untergeht, hängt von der Dichte dieses Körpers ab. Die Dichte eines Gegenstands bedeutet, wie viel Gramm ein Kubikzentimeter dieses Körpers wiegt. Ist die Dichte des Gegenstands geringer als die Dichte des Wassers, schwimmt der Körper; ist seine Dichte größer als die des Wassers, geht er unter.

Viele schwimmende Körper, wie zum Beispiel Schiffe, Bälle, Eimer oder leere Flaschen, haben eine größere Dichte als Wasser. Damit sie nicht untergehen, kommt es auf ihre Form an. Entscheidend dabei ist, dass die Körper beim Eintauchen viel Wasser verdrängen, ohne dass Wasser in sie eindringt. Gegen diese Verdrängung »wehrt« sich das Wasser und setzt eine Auftriebskraft dagegen. Diese Auftriebskraft ist genauso groß wie die Gewichtskraft des vom Körper verdrängten Wassers. Im Flaschen-Experiment schwimmt die Flasche also so lange, wie die Gewichtskraft des zusätzlich verdrängten Wassers die Gewichtskraft des eingefüllten Wassers wieder ausgleicht – wie bei einem Schiff die Ladung.

Dieses Prinzip hat der berühmte Mathematiker Archimedes vor über 2.000 Jahren entdeckt.

Lösung zu Checkpoint 47 (S. 90)

Ein Fußball besteht aus 12 Fünf- und 20 Sechsecken. Wie ein Fußball auseinandergenommen als Fläche aussieht, kannst du dir im Internet anschauen: www.mathematische-basteleien.de/fussball.htm

Auswertung

Beim Motivations-Check hast du deine Interessen und teilweise auch deine Begabungen auf den Prüfstand gestellt. Du konntest nach jeder kurzen Geschichte, nach jedem kleinen Experiment oder Lerntipp ankreuzen, wie du das jeweilige Angebot einschätzt und was du mit dieser Idee anfangen kannst. Aus deinen Antworten kannst du jetzt dein *Motivationsprofil* ermitteln. Das ist natürlich kein hochwissenschaftlicher Test. Aber du bekommst doch Anhaltspunkte an die Hand, wie es um deine Motivation steht. Bei den Übungen konntest du über dein Lernen nachdenken. Du hast eingeschätzt, wie du dich in bestimmten Lernsituationen verhältst. Du konntest dir manche deiner Stärken bewusst machen. Wenn du deine Begabungen und Talente kennst, kannst du dieses Potenzial auch besser nutzen.

Zu diesem Potenzial gehören auch Fähigkeiten, die du ohne die Schule entwickelt hast. Denke nur an den Umgang mit den Neuen Medien oder die Fingerfertigkeit, mit der du SMS verschickst. Auch diese Begabungen sind dein Motivationskapital. Deine Motivation hat nämlich viel mit allen deinen Begabungen zu tun: Was du gut kannst, machst du wahrscheinlich auch gerne – zumindest machst du es lieber als das, was du nicht kannst oder wovon du nichts verstehst.

Dein Erfolg (oder Misserfolg) in der Schule ist mehr eine Frage deiner Motivation als deiner Intelligenz. Es gibt sehr intelligente Schüler, die schlecht in der Schule sind, und es gibt solche, die weniger intelligent sind, die Schule aber trotzdem besser meistern. Auf die Motivation kommt es also an, damit Lernen so gelingt, dass es auch noch Freude macht. Und die Motivation wiederum hängt mit deinen Begabungen zusammen. Du bist also nicht einfach begabt, sondern du hast verschiedene Begabungen. Und jede einzelne ist wichtig. So hast du mehrere Verstärker für deine Motivation. Deshalb sollen durch den Motivations-Check auch deine verschiedenen Begabungen zum Vorschein kommen.

Aus den einzelnen Ergebnissen kannst du deinen Motivationstyp ermitteln. In dieser Auswertung findest du auch Anregungen, wie du dein Motivationspotenzial am besten aktivierst und für deinen Lernweg nutzen kannst.

Vorbereitung der Auswertung

In der Tabelle auf Seite 12 hast du die Anzahl deiner Kreuzchen eingetragen. Übertrage diese Zahlen nun in diese Liste:

LO (L + O) = ____________

Diese Zahl steht für die Anteile deiner Motivation im Bereich des logischen Denkens. Dazu gehören das Interesse an Fragen, warum etwas so ist, wie es ist, unter Umständen auch eine besondere Freude an mathematischen Aufgaben und Logicals.

SY (S + Y) = ____________

Diese Zahl deutet auf die Anteile deiner Motivation im Bereich des systematischen Arbeitens. Dazu gehören Vorlieben für klare Strukturen, präzise Arbeitsanleitungen, gute Zeitpläne, übersichtliche Tabellen und Checklisten.

KR (K + R) = ____________

Diese Zahl zeigt die Anteile deiner Motivation im Bereich des kreativen Schaffens. Dazu gehört die Lust, Neues auszuprobieren, mit seiner Fantasie zu spielen und auch für ausgefallene Ideen offen zu sein.

IN (I + N) = ____________

Diese Zahl steht für die Anteile deiner Motivation im Bereich des intuitiven Handelns. Das zeigt sich in einer emotionalen Intelligenz und einem ausgeprägten Gemeinschaftssinn, sich gut auf andere einstellen zu können und gerne im Team zu arbeiten.

WM (W + M) = ____________

Die Buchstabenkombination WM klingt zunächst positiv – wie die Abkürzung für Weltmeisterschaft. Doch hier geht es in eine ganz andere Richtung: Diese Zahl zeigt an, wie wenig Motivation du in verschiedenen Situationen hast. Das sind also die Anteile, die dich bremsen, wie zum Beispiel Desinteresse, Gleichgültigkeit, Lustlosigkeit oder Frustration, weil du dich überfordert oder unterfordert fühlst.

Konkret zur Auswertung

Stell dir vor, die Zahlen hinter jeder Buchstabenkombination seien Kilometerangaben. Mit welchem der vier Modelle LO, SY, KR oder IN kommst du am weitesten – und mit welchem kommst du »zu kurz«?

Bei dieser Berechnung liegt das »Motivationsmodell« WM neben der Strecke. WM bedeutet so viel wie »Werkstatt bei Motorschaden«. Die Anzahl deiner Kreuzchen bei WM (W+M) kannst du dir als die Stunden vorstellen, die du als Stopp für eine Reparatur einrechnen müsstest.

Um dir einen besseren Überblick zu verschaffen, trägst du deine Modelle (die Buchstabenkombinationen) in der Reihenfolge ein, wie du Kreuzchen gesammelt hast. Platz 1 für die höchste und Platz 5 für die niedrigste Zahl:

Rang	»Modell«	Anzahl
1		
2		
3		
4		
5		

In dieser Rangliste kannst du schon recht gut dein Motivationsprofil erkennen.

Die höchstmögliche Anzahl bei den einzelnen »Modellen« beträgt 60. Trotzdem dürfte dein Modell auf dem 1. Platz wahrscheinlich weniger als 60 Punkte haben. Und das auf dem 5. Platz hat bestimmt immer noch ein paar mehr Punkte als 0. Daran siehst du schon, dass du nicht eindeutig ein bestimmter Motivationstyp bist, sondern dass dein Motivationsprofil vermutlich eine gute Mischung ist.

Deine Auswertung ist besonders aussagekräftig, wenn du von den 50 Motivationsangeboten, den »Checkpoints«, mindestens 40 bearbeitet hast. Aber auch ab 25 bearbeiteten Checkpoints ist schon ein erster Trend zu erkennen.

Anzahl	Motivationsprofile der »Modelle« LO – SY – KR – IN	WM
45–60	Dein Motivationsprofil bei diesem »Modell« ist außerordentlich stark ausgeprägt. Es besteht sogar eine leichte Gefahr, dass du nur noch in diese Richtung fährst, dass du dein Profil einseitig »abfährst«. Trotzdem liegt hier dein stärkstes Motivationspotenzial. Nutze es bei deinen Lernwegen. Nimm aber hin und wieder zur Abwechslung eine andere Strecke.	Diese hohe Stundenzahl in der Werkstatt deutet auf einen größeren Motorschaden hin. Da steht dir hoffentlich noch ein Ersatzmodell zur Verfügung.
30–44	Mit diesem Profil fährst du ausgezeichnet und kannst dich auf dieser Strecke sicher fühlen. Zähle diese Lernwege zu deinen Favoriten, und du kommst gut und sicher an dein Ziel.	Steige auf eines deiner Modelle um, das fährt. Wenige Kilometer weiterzukommen ist besser als Stillstand.
20–29	Das Profil dieses Modells hat sich bei dir bewährt. Es ist sehr »geländetauglich«, das heißt, du kannst dich damit auf verschiedenen Lernwegen sehr wendig bewegen. Du kommst sehr gut voran, wenn du zwischendurch einmal auf ein anderes Modell umsteigst und mehrere Lernwege kombinierst.	Dieses Modell steht etwas lange in der Werkstatt. Mit welchem Modell kannst du in der Zwischenzeit am besten weiterfahren?
10–19	Dieses Profil gilt noch als verkehrssicher. Aber es ist schon leicht abgefahren. Deswegen ist es nicht mehr für alle Lernwege geeignet. Es macht auch nicht mehr so viel Spaß, damit zu fahren. Trotzdem benutze auch dieses Modell von Zeit zu Zeit, damit es nicht einrostet.	Immerhin scheint es nicht dein stärkstes Modell zu sein, das hier in der Werkstatt steht. Schau trotzdem mal genauer hin, welche Reparatur hier fällig wird.
0–9	Das Profil sieht nicht so gut aus. Für weitere Lernwege ist dieses Modell nicht geeignet. Da bleibt die Motivation auf der Strecke. Aber das wäre ein guter Anlass, über eine »Reparatur« nachzudenken. Mit diesem Modell wirst du wahrscheinlich Schwierigkeiten haben, über den »Schul-TÜV« zu kommen.	Dieses Ergebnis ist völlig in Ordnung. Bei so wenigen Stunden in der Werkstatt bist du in deiner Motivation auch nicht zu bremsen.

So findest du deine besten Lernwege

Mit den beiden Modellen vom 1. und 2. Rang dürftest du besonders gut fahren. Du findest weiter unten für jedes Modell »Routenvorschläge« für deine besten Lernwege. Das sind die Wege, auf denen du dich schon recht gut auskennst. Wenn du auf diese(n) abfährst, bekommst du unterwegs weitere Verstärker für deine Motivation.

Danach könntest du dir einmal die Routenvorschläge für die Modelle von Rang 3 bis 5 anschauen. Das sind vermutlich Wege, die du nicht so magst oder gegen die du sogar eine Abneigung verspürst. Aber wenn du auch einmal so einen Weg ausprobierst, wirst du vielleicht ganz neue Möglichkeiten entdecken, wo überall du für deine Motivation auftanken kannst.

Aber welche Wege du schließlich wählst und auf welchen du am besten »fährst«, das ist wie bei einem Kompass oder Navi – ganz allein deine Entscheidung.

Bleibt noch dein WM-Ergebnis. Das gehört ebenfalls in diese Liste. Denn von Zeit zu Zeit muss selbst das beste Fahrzeug in die Werkstatt. Auch Hochmotivierte haben hin und wieder keine Lust zum Lernen. Der »Motorschaden« würde erst dann zu einem Problem, wenn das Fahrzeug mehr Stunden in der Werkstatt steht, als es insgesamt Kilometer fährt. Aber selbst das wäre noch kein hoffnungsloser Fall. Nach einem »Motorwechsel« können auch Spätzünder ganz rasant in Fahrt kommen. Wenn dein WM-Ergebnis tatsächlich ganz oben auf dem 1. oder 2. Rang liegt, schau dir mal in aller Ruhe die WM-Angebote weiter unten an.

Mit dem LO-Modell auf Lernwegen für logisches Denken

Hast du bei L+O mehr als 30 Punkte, dann gehört die Lust am Denken offenbar zu deinen Stärken. Du gehst allen Dingen auf den Grund und lässt dich nicht mit oberflächlichen Antworten abspeisen. Du löst zum Beispiel gerne knifflige Denksportaufgaben, du kannst Wichtiges von Unwichtigem unterscheiden, stellst dir und anderen gerne Warum-Fragen. Du suchst immer wieder nach dem Hintergrund oder den Ursachen. Du willst auch wissen, warum du dieses oder jenes lernen sollst.

Auf folgenden Lernwegen findest du für deine Motivation gute Verstärker. Am besten suchst du dir für heute nur einen einzigen aus, mit dem du starten willst. Wenn du magst, kannst du ihn ankreuzen und nach der »Probefahrt« noch mit einem Kommentar abhaken.

Ausgewählt	Empfohlene Lernwege L + O	Bewertung / Kommentar			
		sehr gut	gut	geht so	unbrauchbar
❑	Denke über Dinge nach, die wichtig für dich sind.	❑	❑	❑	❑
❑	Zieh dich still zurück und arbeite ungestört für dich allein.	❑	❑	❑	❑
❑	Beschaffe dir schwierige Rätsel und Logicals.	❑	❑	❑	❑
❑	Spiel (mal wieder) Schach.	❑	❑	❑	❑
❑	Überprüfe bei deinen Recherchen im Internet, ob du einen Fehler oder eine falsche Aussage entdeckst.	❑	❑	❑	❑
❑	Schau dir anspruchsvolle Sendungen im Fernsehen an.	❑	❑	❑	❑
❑	Besuche ein Technikmuseum oder Planetarium.	❑	❑	❑	❑
❑	Notiere ein Ziel, das du bis zu einem bestimmten Zeitpunkt erreichen willst, und überprüfe dann, ob du es auch erreicht hast.	❑	❑	❑	❑
❑	Analysiere deine Fehler und überlege, was du daraus lernen kannst.	❑	❑	❑	❑
❑	Stell dir Fragen wie: Was kann ich? Was will ich?	❑	❑	❑	❑
❑	Mache Überschlagsrechnungen im Kopf und benutze den Taschenrechner nur zur Kontrolle.	❑	❑	❑	❑
❑	Gib anderen Schülern Nachhilfe, vor allem in Mathematik.	❑	❑	❑	❑
❑	Suche die Diskussion und vertritt deine Meinung mit guten Argumenten.	❑	❑	❑	❑
❑	Mach dich frei vom Gedanken, was andere von dir denken.	❑	❑	❑	❑
❑	Nimm dir manchmal am Abend Zeit und betrachte den Tag im Rückblick.	❑	❑	❑	❑
❑	Eigene Idee: ____________________ ____________________				

Wenn du weniger als 9 Punkte hast, gehört das abstrakte Denken wahrscheinlich nicht zu deinen besonderen Lernvorlieben. Trotzdem bist du in der Schule oft auf diese Art des Lernens angewiesen. Du musst immer Textaufgaben lösen oder in einem längeren Text herausfinden, was wirklich wichtig ist. Vielleicht hilft dir einer der Lerntipps Runde C von Checkpoint Nr. 15, diese Fähigkeit etwas zu trainieren. Du findest dort hoffentlich eine Idee, die dir wenigstens einigermaßen gefällt.

Mit dem SY-Modell auf Lernwegen für systematisches Arbeiten

Hast du bei S + Y mehr als 30 Punkte, dann gehören wohl Struktur und Systematik zu deinen Lernvorlieben. Du bist dankbar für sehr konkrete Anleitungen und magst übersichtliche Vorgaben. Du fühlst dich wohl, wenn du weißt, woran du bist, und wenn alles seine Ordnung hat. Du willst ein Konzept erkennen und empfindest zum Beispiel eine gute Gliederung als Arbeitshilfe. Für deinen Lernerfolg benötigst du eine gute Planung mit klaren Zeitangaben, genauen Zielvorstellungen und zuverlässigen Absprachen.

Auf folgenden Lernwegen findest du für deine Motivation gute Verstärker. Am besten suchst du dir für heute nur einen einzigen aus, mit dem du starten willst. Wenn du magst, kannst du ihn ankreuzen und nach der »Probefahrt« noch mit einem Kommentar abhaken.

Ausgewählt	Empfohlene Lernwege S + Y	Bewertung/Kommentar			
		sehr gut	gut	geht so	unbrauchbar
❑	Führe ein Lerntagebuch, in das du deine Lernfortschritte einträgst.	❑	❑	❑	❑
❑	Erstelle eine Liste mit Dingen, die du magst und die du nicht magst.	❑	❑	❑	❑
❑	Lege dir für dein nächstes Referat einen Sammelordner an mit Informationen aus Büchern, Zeitschriften oder dem Internet.	❑	❑	❑	❑
❑	Kläre Wörter und Begriffe, die du noch nicht kennst: Schlage sie im Lexikon oder Wörterbuch nach oder suche sie im Internet.	❑	❑	❑	❑

Ausgewählt	Empfohlene Lernwege S + Y	Bewertung/Kommentar			
		sehr gut	gut	geht so	unbrauchbar
❑	Sammle Pflanzen, trockne sie und lege ein Herbarium an.	❑	❑	❑	❑
❑	Lege dir eine Kuriositätensammlung an mit Wortspielen wie Schüttelreimen, mit Sprüchen, Lieblingswitzen oder besonderen Rätseln.	❑	❑	❑	❑
❑	Schreibe Tabellen mit Rekorden, Fußballergebnissen oder einfach »nur« mit deinen Noten.	❑	❑	❑	❑
❑	Löse Kreuzworträtsel, schreibe Anagramme als Merkhilfe und Gedächtnisstütze (siehe Checkpoint Nr. 1).	❑	❑	❑	❑
❑	Werde Mitglied in einer Bücherei und leihe dir regelmäßig Bücher aus.	❑	❑	❑	❑
❑	Besuche eine Autorenlesung und lass dir ein Buch signieren.	❑	❑	❑	❑
❑	Schicke einem Buchautor eine E-Mail (Adresse findest du meist im Internet).	❑	❑	❑	❑
❑	Lies ein Buch, das dir besonders gut gefallen hat, etwas später ein zweites Mal. Entdeckst du etwas Neues?	❑	❑	❑	❑
❑	Lege Vokabellisten mit drei Spalten an: die erste für schwierige, die zweite für mittelschwere und die dritte für leichte Vokabeln (siehe Checkpoint Nr. 13).	❑	❑	❑	❑
❑	Lies ein fremdsprachiges Buch oder eine fremdsprachige Zeitschrift und markiere die unbekannten Wörter.	❑	❑	❑	❑
❑	Nutze die Loci-Technik, das heißt, merke dir den Ort, an dem du etwas Bestimmtes liest oder lernst.	❑	❑	❑	❑
	Eigene Idee: ____________ ____________				

Wenn du beim SY-Modell weniger als 9 Punkte hast, gehört das systematische Arbeiten wahrscheinlich nicht zu deinen ausgeprägten Lernvorlieben. Trotzdem kommst du in der Schule an dieser Art des Lernens nicht vorbei. Du hast es immer wieder mit Tabellen und Checklisten zu tun, musst Regeln und vorgegebene Zeiten einhalten und Arbeitsschritte beachten. Vielleicht hilft dir einer der Lerntipps Runde A von Checkpoint Nr. 7, diese Fähigkeit etwas zu trainieren. Du findest dort hoffentlich eine Idee, die dir wenigstens einigermaßen gefällt.

Mit dem KR-Modell auf Lernwegen für kreatives Schaffen

Hast du bei K+R mehr als 30 Punkte, ist dein Motivationsprofil wohl stark kreativ ausgeprägt. Du gehst wahrscheinlich locker und fröhlich an neue Aufgaben heran, probierst gern Neues aus und gibst nicht gleich auf, wenn etwas nicht so klappt, wie du es dir wünschst. Pünktlichkeit und Ordnung sind nicht so deine Stärken, deinen Arbeitsstil kannst du manchmal sogar als chaotisch bezeichnen. Du gehst fantasievoll ans Werk und bist auch für »verrückte« Lernideen aufgeschlossen.

Auf folgenden Lernwegen findest du für deine Motivation gute Verstärker. Am besten suchst du dir für heute nur einen einzigen aus, mit dem du starten willst. Wenn du magst, kannst du ihn ankreuzen und nach der »Probefahrt« noch mit einem Kommentar abhaken.

Ausgewählt	Empfohlene Lernwege K + R	Bewertung/Kommentar			
		sehr gut	gut	geht so	unbrauchbar
❑	Arbeite mit Skizzen, wenn du über eine Problemlösung nachdenkst.	❑	❑	❑	❑
❑	Markiere die Texte schon beim Lesen; setze verschiedene Farben ein und erfinde Piktogramme und Symbole.	❑	❑	❑	❑
❑	Nutze das Malprogramm an deinem PC.	❑	❑	❑	❑
❑	Für deine Notizen könnte Mindmapping eine sehr gute Methode sein.	❑	❑	❑	❑

Ausgewählt	Empfohlene Lernwege K + R	Bewertung / Kommentar			
		sehr gut	gut	geht so	unbrauchbar
❑	Schau Menschen zu, die etwas mit Begeisterung tun – Musikern, Tänzern, Sportlern, Handwerkern, engagierten Lehrern. Was kannst du dabei lernen?	❑	❑	❑	❑
❑	Suche beim Fotografieren nach ungewöhnlichen Motiven.	❑	❑	❑	❑
❑	Gestalte deine PowerPoint-Präsentationen mit eigenen Bildern und Ideen.	❑	❑	❑	❑
❑	Schreibe über ein »trockenes« Unterrichtsthema ein Drehbuch für ein Video.	❑	❑	❑	❑
❑	Mache öfters eine Fantasiereise: Du schließt die Augen und lässt vor deinem geistigen Auge einen Film ablaufen (»Kopfkino«).	❑	❑	❑	❑
❑	Entdecke ein neues Talent in dir: Probiere mal etwas aus, wovon du (noch) keine Ahnung hast – Kochen, Malen, Schreiben, Musik, Theater.	❑	❑	❑	❑
❑	Erfinde eine eigene Methode für dein Vokabeltraining.	❑	❑	❑	❑
❑	Besuche (vielleicht ganz alleine?) eine Kunstausstellung.	❑	❑	❑	❑
❑	Suche in Büchern, Zeitschriften oder im Internet nach Abbildungen und optischen Illusionen, die du faszinierend findest.	❑	❑	❑	❑
❑	Schreibe ein Gedicht.	❑	❑	❑	❑
❑	Überlege dir ein Geschenk, das nichts kostet, mit dem du einem lieben Menschen eine Freude machen kannst.	❑	❑	❑	❑
❑	Eigene Idee: ______ ______				

Wenn du beim KR-Modell weniger als 9 Punkte hast, gehört das kreative Schaffen wahrscheinlich nicht zu deinen ausgeprägten Lernvorlieben. Trotzdem ist es nicht schlecht, wenn du dich in der Schule auch auf diese Art des Lernens einstellen kannst. Du musst manchmal etwas ausprobieren, was dir auf den ersten Blick ziemlich komisch vorkommt. Oder du sollst ein Problem lösen, für das es noch keine Musterlösung gibt. Vielleicht hilft dir einer der Lerntipps Runde B von Checkpoint Nr. 10, diese Fähigkeit etwas zu trainieren. Du findest dort hoffentlich eine Idee, die dir wenigstens einigermaßen gefällt.

Mit dem IN-Modell auf Lernwegen für intuitives Handeln

Hast du bei I + N mehr als 30 Punkte, ist dir die emotionale Seite des Lernens sehr wichtig. Dein Erfolg beim Lernen hat viel mit deinen Emotionen und Stimmungen zu tun – zum Beispiel, ob du bei bestimmten Lehrern begeistert mitmachst, bei anderen aber »auf stur« schaltest. Du hast ein feines Gespür für Fairness und Gerechtigkeit. Du bist sehr empathisch, das heißt einfühlsam, und du kannst dich sehr gut in die Lage von anderen versetzen. So handelst du oft intuitiv, das heißt aus dem Gefühl heraus. Für deine Motivation brauchst du Lob und Anerkennung. Du arbeitest sehr gern im Team und tauschst bereitwillig Aufgaben und Ideen mit anderen aus.

Auf folgenden Lernwegen findest du für deine Motivation gute Verstärker. Am besten suchst du dir für heute nur einen einzigen aus, mit dem du starten willst. Wenn du magst, kannst du ihn ankreuzen und nach der »Probefahrt« noch mit einem Kommentar abhaken.

Ausgewählt	Empfohlene Lernwege I + N	Bewertung/Kommentar			
		sehr gut	gut	geht so	unbrauchbar
❑	Sprich mit anderen über deine Ideen, zum Beispiel auch darüber, wie du dich auf eine Klassenarbeit vorbereitest.	❑	❑	❑	❑
❑	Versuche andere für deine Idee zu begeistern, bestimmte Hausaufgaben im Team zu erledigen.	❑	❑	❑	❑

Ausgewählt	Empfohlene Lernwege I + N	Bewertung/Kommentar			
		sehr gut	gut	geht so	unbrauchbar
❑	Arbeite in einer Gruppe mit, die sich für andere Menschen einsetzt, zum Beispiel als Streitschlichter/in oder für amnesty international.	❑	❑	❑	❑
❑	Organisiere eine Nachhilfegruppe (»Schüler helfen Schülern«).	❑	❑	❑	❑
❑	Engagiere dich in der SMV oder der Redaktion der Schülerzeitung.	❑	❑	❑	❑
❑	Lege einen Geburtstagskalender an. Sei der oder die »Datenbeauftragte«. Gratuliere mal jemandem, der überhaupt nicht damit gerechnet hat.	❑	❑	❑	❑
❑	Mach mit beim Schultheater, in einer Tanzgruppe oder im Chor.	❑	❑	❑	❑
❑	Trainiere deine Stimme, melde dich zu einem Rhetorikkurs an.	❑	❑	❑	❑
❑	Organisiere ein Literaturcafé für einen Slam-Poetry-Wettbewerb.	❑	❑	❑	❑
❑	Besuche mit Freunden ein Konzert oder Theaterstück, über das ihr dann im Musik- oder Deutschunterricht berichten könnt.	❑	❑	❑	❑
❑	Lerne mit Rhythmus: Wenn du Vokabeln oder ein Gedicht lernst, gehe dabei auf und ab.	❑	❑	❑	❑
❑	Schätze vor einer Aufgabe, wie lange du dafür brauchen wirst. Vergleiche nach getaner Arbeit: Wie gut war mein Zeitgefühl?	❑	❑	❑	❑
❑	Führe beim Lösen einer kniffligen Aufgabe ein Selbstgespräch mit dir: Wie gehe ich Schritt für Schritt vor? (Nimm zur Tarnung dein Handy.)	❑	❑	❑	❑
❑	Erinnere dich an eine Unterrichtsstunde, in der du gelobt worden bist. Kannst du noch aufschreiben, was der Lehrer gesagt hat?	❑	❑	❑	❑
❑	Nutze die Community im Internet. Gib zum Beispiel deine Erfahrung mit dem Motivations-Check über Facebook weiter.	❑	❑	❑	❑
❑	Eigene Idee: ____________________ ____________________				

Wenn du beim IN-Modell weniger als 9 Punkte hast, gehört das intuitive Handeln wahrscheinlich nicht zu deinen ausgeprägten Lernvorlieben. »Lernen mit Gefühl« nimmst du vermutlich nicht sehr ernst. Emotionale Intelligenz ist für deine Motivation nicht so wichtig. Trotzdem wäre es gut für dich, wenn du dich im Unterricht auch emotional beteiligst. Wenn du dich bemühst, mit anderen gut auszukommen, und ein Gespür für Teamgeist entwickelst, wird sich das auch auf deine Motivation positiv auswirken. Vielleicht hilft dir einer der Lerntipps Runde D von Checkpoint Nr. 21, diese Fähigkeit etwas zu trainieren. Du findest dort hoffentlich eine Idee, die dir wenigstens einigermaßen gefällt.

Ohne WM-Modell auf Lernwegen zu mehr Motivation

Schon die Tatsache, dass du diese Zeilen liest, ist ein Beweis, dass du stärker motiviert bist, als du selber meinst. Während du so viele Kreuzchen für W und M gesammelt hast, warst du wahrscheinlich neugierig, was der Motivations-Check dir bringt. Vielleicht hast du einige Aussagen bei W oder M angekreuzt, weil sie witziger waren als die anderen »spießigen« Kommentare. Um deine Motivation zu stärken, suchst du vermutlich nach anderen Tipps, als du sie hier gefunden hast.

Manchmal hilft es schon, einfach motzen zu dürfen, ohne gleich belehrt zu werden. Versuche es ruhig einmal mit einer Runde »Motzivation«. Das ist eine besondere Sorte von Motivation. Da steckt etwas Motzen drin. Wenn du motzt, zeigst du zumindest, dass dir die Sache nicht völlig egal ist. Du kannst einen Vorschlag kritisieren oder dich über eine Idee lustig machen. Das fällt dir wahrscheinlich leichter, als zuzugeben, dass du auch ein paar vernünftige Tipps entdeckt hast. Auch wer sich motzend um seine Motivation Gedanken macht, bekommt am Ende vielleicht doch die Kurve.

Warst du mit den Antworten, die du bei W oder M angekreuzt hast, einer Meinung? Oder hast du an manchen Stellen eher daran gedacht, was andere von dir denken, wenn du dein Kreuzchen bei einer »stinknormalen« Aussage machst? Wenn dem so wäre, ist folgender Lernweg für dich wichtig: *Mach deine Entscheidung nicht davon abhängig, was die anderen von dir denken.*

Wenn dein WM-Modell auf dem 1. Rang gelandet ist, nimm dir dein Modell von Rang 2 vor und schau, mit welchem Tipp in diese Richtung du etwas anfangen könntest, das heißt, womit du konkret beginnen möchtest.

Wie würdest du folgende Satzanfänge ergänzen?

→ Wenn ich an Schule denke, ...

____

____

→ Es würde mich motivieren, wenn ich zur Belohnung ...

____

____

→ Um mich zu motivieren, müsste ...

____

____

→ Manchmal möchte ich am liebsten ...

____

____

→ Hier in diesem »Lerntrainer« fehlt mir ...

____

____

Schau dir deine Sätze an. Welcher gefällt dir am besten? Entdeckst du in diesem Satz einen Hinweis darauf, wo du am besten ansetzen könntest, damit die Zeit, die du für den Motivations-Check investiert hast, nicht »für die Katz« war?

Blättere noch einmal im Motivations-Check. Halte an einer Stelle an, wo du ein W oder ein M angekreuzt hast. Gibt es auf dieser Seite noch eine andere Aussage, die du ankreuzen könntest? Wenn nicht, blättere weiter und suche eine neue Stelle. Vielleicht findest du bei diesem Kontrolldurchgang doch noch eine andere Aussage, der du zustimmen kannst. Dieser Buchstabe könnte ein Startsignal für dich sein, dein Motivationsprofil noch einmal unter die Lupe zu nehmen. Vielleicht findest du dabei doch noch ein anderes Modell, mit dem du einen neuen Versuch starten könntest.

Lehrer-Info:
Der Motivations-Check im Unterricht

Liebe Kolleginnen und Kollegen,

schön, dass Sie sich für den Motivations-Check für Schülerinnen und Schüler interessieren. Gerne gebe ich Ihnen hier einige Informationen über den Hintergrund und das Konzept dieses Buches.

Erst die Diagnose, dann das Rezept

Das Prinzip »Kein Rezept ohne Diagnose« ist in der Medizin genauso gültig wie in vielen anderen Lebensbereichen. Wer Ratschläge erteilt, muss erst einmal hinschauen, mit wem er es zu tun hat. Und bei diesem Hinschauen lassen sich Unterschiede entdecken, Unterschiede zwischen den einzelnen Menschen. Diese Unterschiede wertschätzen zu können und zu wollen ist der Ausgangspunkt für Synergie. Stephen R. Covey beschreibt diese Haltung als einen Weg zur Effektivität: »Wirklich effektive Leute haben die Bescheidenheit und Ehrfurcht, ihre eigenen Wahrnehmungsgrenzen anzuerkennen und die reichen Ressourcen zu schätzen, die durch Interaktion mit anderen Menschen verfügbar werden« (Covey 2005).

Das Bemühen, bestehende Einstellungen zu verändern, hat eine ganze Phalanx von Ratgeberliteratur hervorgebracht. Es werden »Motivationsmodelle« und »Methoden zur Steigerung der Motivation« entwickelt, in denen die Gestaltung und Präsentation des Stoffs, Humor im Unterricht, Auflockerung durch Spiele und dergleichen in den Vordergrund rücken. Dabei kommen die Fragen nach Sinn und Relevanz des Stoffes selbst oft zu kurz. Mit dem vorliegenden Angebot an kleinen Lernexperimenten und Motivationsgeschichten soll die Aufmerksamkeit auf die jeweiligen Inhalte gelenkt werden. Diese sind hoffentlich auch ohne Verpackung und Schleifchen spannend und unterhaltsam.

Unsere Schülerinnen und Schüler sind phasenweise oder auch auf langen Strecken nicht für den Unterrichtsstoff motiviert. Sie zeigen aber dennoch ein ausgeprägtes Motivationsverhalten. Sie machen sich zum Beispiel Gedanken, wie sie den Unterricht schwänzen, stören oder umgehen könnten. Sie sind ausgesprochen aktiv und setzen ohne unser Wissen und außerhalb pädagogischer Kontrolle die ihnen zu Gebote stehenden technischen, psychologischen und sprachlichen Kenntnisse zur Erreichung ihrer Ziele ein. Sie beherrschen Handys und iPods und kommunizieren auf Wegen, die vielen Erwachsenen nur schwer zugänglich sind. Sie leisten Außerordentliches – für ihre Belange, nicht entlang der Bahnen, die wir ihnen in Mathematik, Geografie, Englisch oder Chemie vorgeben.

Der Philosoph und Kommunikationswissenschaftler Ernst von Glasersfeld sagte einmal in einem Interview: »Die Sprache lässt sich nicht verwenden, um begriffliche Inhalte zu übertragen; alles Begriffliche muss der Schüler selbst konstruieren [...] Besonders wichtig scheint mir, dass man den Schüler [...] als intelligentes, selbständig denkendes Wesen ernst nimmt [...] der Schüler ist kein Idiot, er ist kein Opfer, dem Wissen eingeflößt werden kann. Dieser Respekt, den ich hier verlange, begründet sich dadurch, dass es ebendieser Schüler ist, der im Prozess des Lernens Wissen aktiv und auf der Basis des bereits Gewussten konstruiert« (zit. nach Pörksen 2002, S. 65).

Der vorliegende Motivationstest geht Lernsituationen aus der Sicht der Schülerinnen und Schüler nach. Wie sieht ein Fach, ein bestimmter Lernstoff und wie sieht die Lehrkraft aus Sicht einer Schülerin, eines Schülers aus? Aus diesem Blickwinkel verändern sich vielleicht die Ansätze und Methoden, die dazu führen sollen, dass Schülerinnen Schüler effizient und gern lernen.

Der Soziologe Niklas Luhmann schreibt, wie ganz anders sich das pädagogische »Problem« darstellt, sobald man die Unterrichtssituation aus Sicht des Beobachters »Schüler« ansieht. In seiner Terminologie wird nämlich der Lehrer – der »Beobachter erster Ordnung« – von den Schülern – den »Beobachtern zweiter Ordnung« – genau beobachtet. Die Beobachter beobachten, so Luhmann (1997), den Beobachter und seine Form der Beobachtung. Wie Lehrer sich vor die Klasse stellen, wie sie Schüler ansehen und ansprechen, wie gut oder schlecht sie vorbereitet scheinen, wie sie sich da vorne anstellen und wie sie offenbar Schüler beurteilen und kritisieren – als besondere Form der Beobachtens –, all das wird von Schülerinnen und Schülern genauestens beobachtet, und diese Erkenntnisquelle wollen wir hier nutzen.

Vierzig bis fünfzig Schülerinnen und Schüler in Motzhaltung, bereit zur Rebellion. Die Atmosphäre knistert. Flatternder Blick, ungemütliche Körperstellung, unwirsche Bewegungen, Gesichter missgelaunt verzogen. Die Spannung in der Turnhalle der Berliner Heinz-Brandt-Schule steigt … Wird, wie es alle hier erwarten, nun eine dieser unerträglichen Strafpredigten, eine moralische Bankrotterklärung (wie es aufgrund fehlenden intellektuellen Hintergrunds nur wenige hier nennen würden) über sie hereinbrechen, mit der bekannten Folge, dass sich danach nichts ändert, außer dass die Luft fortan mit Vorwürfen und Schuldgefühlen angereichert sein wird?

Das Donnerwetter, das folgt, fällt ungewohnt, treffend, überraschend aus. Der Tänzer Royston Maldoom, der »alte Sack, der tanzen kann wie eine Elfe«, nutzt den Respekt, den er sich in den vergangenen Tagen in diesem Tanzprojekt verdient hat, zu einer gezielten Provokation: Er spricht von sich, sagt, er habe gute Lust, alles hinzuschmeißen, weil niemand sich konzentriere und man auf diese Weise nichts erreichen könne. Doch im nächsten Satz – die Zöglinge (und ihre Lehrerinnen) bemerken die Strategie nicht, halten sie für ein Produkt des Augenblicks – wechselt er die Waffe und redet von ihnen, vertraut ihnen, sagt, er glaube an sie und wisse etwas, das sie nicht wissen könnten: dass sie zu noch viel größeren Leistungen fähig seien. Die Lehrerinnen schlucken. Die Schülerschar scheint überrascht und irritiert. Den Rest überlässt er ihnen: »15 Minuten Pause zum Nachdenken!« Das sitzt. Die Schülerinnen und Schüler tuscheln, sprechen sich aus, kommen reumütig zurück und sind bereit zu weiteren Strapazen.

Dies ist eine der Schlüsselszenen aus dem unbedingt empfehlenswerten Dokumentarfilm »Rhythm is it!«, der zeigt, wie es dem Tänzer Royston Maldoom gelingt, »ganz normale« Oberschüler zu tänzerischen Höchstleistungen zu führen.

Zwei Wege, die ins Abseits führen

- → Jugendliche, die sich ohne Erwartungen anderer (Familie, Lehrer, Freunde) leer und unnütz fühlen. Sie »müssen« nichts tun, sind frei – aber fühlen sich sinnlos. Ohne sozialen Druck fällt die Gemeinschaft auseinander.
- → Jugendliche, die Erwartungen anderer erfüllen (sollen), andauernd hinter diese Erwartungen zurückfallen und depressive Symptome entwickeln. Sie sind unfrei und fühlen sich permanent überfordert, schwach und leer, zu nichts nütze. Mit fragilen Erfüllungsgehilfen fällt die Gemeinschaft auseinander.

Hier haben offenbar zwei konträre Beziehungsformen zwei gleichermaßen problematische Syndrome mit individuell wie gesellschaftlich vergleichbaren Folgen ausgelöst: Beiden geht jene gesunde, lebendige Dynamik ab, in der (gelegentliche Über-)Forderung und partieller Erfolg abwechseln.

Konstruktive Visionen und Motivtypen

Visionen können die Motivation stärken. Das haben Wissenschaftler unter der Leitung des Arbeitspsychologen Hugo M. Kehr herausgefunden. Mentale Bilder regen unbewusste Motive eines Menschen an. Wie stark eine Vision motiviert, hängt davon ab, wie gut sie bildlich vorstellbar ist und wie sie mit dem »Motivtyp« eines Menschen übereinstimmt. Dabei unterscheiden die Wissenschaftler drei Motivtypen: das Anschluss-, das Macht- und das Leistungsmotiv.

Das Anschlussmotiv

bewirkt, dass jemand gerne etwas gemeinsam mit anderen unternimmt. Deren hohe Kooperationsbereitschaft und positive soziale Kontakte sind eine starke Antriebskraft. Diese lässt sich durch die Vision aktivieren, sich zum Beispiel in mentalen Bildern auszumalen, wie man mit anderen Menschen zusammen ein Ziel erreicht, eine Prüfung bestanden hat und den Erfolg mit der Familie und mit Freunden feiert.

Das Machtmotiv

sorgt dafür, ein Vorhaben zielstrebig zu verfolgen. Menschen, die hiervon angespornt werden, haben intensiv ihren Erfolg vor Augen, sind stark wettbewerbsorientiert. Wenn sie sich lebhaft vorstellen, wie sie nach bestandener Prüfung vom Lehrer gelobt und auf der Bühne wie ein Star gefeiert werden, können sie mit dieser Vision ihre Motivation deutlich erhöhen.

Das Leistungsmotiv

spornt an, Herausforderungen gerne anzunehmen, wenn es um schwierige Aufgaben geht. Wer hiervon geleitet wird und sich in seiner Vision ein exzellentes Ergebnis seiner Prüfung vorstellt, schneidet tatsächlich besser ab.

Hugo M. Kehr und sein Team fanden heraus, dass »Lieblingsvisionen« dabei helfen können, die eigenen unbewussten Motive aufzuspüren und sich entsprechende Ziele zu setzen. Doch die meisten Menschen kennen ihre Motive nicht. Wer unbewusst vom Macht- oder Leistungsmotiv angetrieben wird, braucht andere Anregungen zur Motivationsförderung als jemand, der sich in seiner Selbstwirksamkeit stark von dem Motiv leiten lässt, wie er »Anschluss« in der Gemeinschaft findet (nach Kehr 2010).

Der Motivations-Check im Unterricht

Entsprechend sollen Schülerinnen und Schüler ihrer Motivation nachspüren können. Der Motivations-Check zeigt ihnen – wie ein Kompass oder Navigationssystem – verschiedene Wege zu ihrem Motivtyp. Sie können und sollen selbst entscheiden, welchen Weg sie wählen. Sie horchen in sich hinein und hören auf sich. Dabei sollen sie möglichst oft sagen können: »Das hört sich gut an!«

Bitte schauen Sie sich einige der kleinen Lernexperimente und Motivationsgeschichten aus der Schülerperspektive an. Wahrscheinlich entdecken Sie geeignete Möglichkeiten, wie Sie den Motivations-Check ganz oder teilweise auch in Ihrem Unterricht einsetzen können.

Ich wünsche Ihnen motivierte Schülerinnen und Schüler und danke Ihnen, dass Sie diese auf ihrem Lernweg, mit oder ohne Navigationssystem, begleiten.

Ihr Wolfgang Endres

Verwendete Literatur

Marcks, Sebastian/Stolte, Maren (2011): *Das Motivationsgeheimnis. Erkenne deinen Lerntyp.* Band I. Erfolgreich Selbstlernen. Schwalbach/Ts.: Wochenschau.

Ostrowsky, Nicole (2011): *Mit 365 verblüffenden Experimenten durch die Naturwissenschaften. Notizen eines Genies.* Würzburg: Arena.

Press, Hans Jürgen (2011): *Spiel, das Wissen schafft. Mit über 400 Experimenten zum Beobachten der Natur.* Ravensburg: Otto Maier.

Vertiefende Literatur

Götz, Thomas (Hrsg.) (2011): *Emotion, Motivation und selbstreguliertes Lernen.* Stuttgart: Schöningh UTB.

Rheinberg, Falko (2008): *Motivation.* Grundriss der Psychologie, Band 6. 7. Auflage. Stuttgart: Kohlhammer.

Rothermund, Klaus/Eder, Andreas (2011): *Motivation und Emotion.* Wiesbaden: VS Verlag für Sozialwissenschaften.

Schmalt, Heinz-Dieter/Langes, Thomas A. (2009): *Standards Psychologie. Motivation.* 4. Auflage. Stuttgart: Kohlhammer.

Sprenger, Reinhard K. (2007): *Das Prinzip Selbstverantwortung. Wege zur Motivation.* 12. Auflage. Frankfurt a.M.: Campus.

Sprenger, Reinhard K. (2010): *Mythos Motivation. Wege aus einer Sackgasse.* 19. Auflage. Frankfurt a.M.: Campus.

Thomae, Hans (Hrsg.) (1969): *Die Motivation menschlichen Handelns.* 5. Auflage. Köln/Berlin: Kiepenheuer & Witsch.

Weiner, Bernhard (1994): *Motivationspsychologie.* 3. Auflage. Weinheim/Basel: Beltz PVU.

Quellen

Albarracin, Dolores/Senay, Ibrahim (2010): *Motivating goal-directed behaviour through introspective self-talk. The role of the interrogative form of simple future tense.* In: Psychological Science, Bd. 21, S. 499–504.

Beilock, Sian/Ramirez, Gerardo (2011): *Writing about testing worries boosts exam performance in the classroom.* In: Science, Bd. 331, S. 211–213.

Covey, Stephen R. (2005): *Die 7 Wege zur Effektivität. Prinzipien für persönlichen und beruflichen Erfolg.* Offenbach: Gabal.

Kehr, Hugo M. u.a. (2010): *Die motivierende Kraft von Visionen. Eine Untersuchung zugrunde liegender Wirkmechanismen.* Abschlussbericht zum DFG-Projekt KE 725/5-1. München: Technische Universität, Lehrstuhl für Psychologie.

Luhmann, Niklas (1997): *Die Kunst der Gesellschaft.* 5. Auflage. Frankfurt a.M.: Suhrkamp.

Initiative Deutsche Sprache/Stiftung Lesen (Hrsg.) (2008): *Der schönste erste Satz. Eine Auswahl der charmantesten und eindrucksvollsten Beiträge zum internationalen Wettbewerb »Der schönste erste Satz«.* Ismaning: Hueber.

Pörksen, Bernhard (2002): *Gespräche zum Konstruktivismus (mit Heinz von Foerster, Ernst von Glasersfeld, Humberto R. Maturana, Gerhard Roth, Siegfried J. Schmidt, Helm Stierlin, Francisco J. Varela und Paul Watzlawick),* Reihe Konstruktivismus und systemisches Denken, Heidelberg: Carl-Auer-Systeme.

Rost, Detlef H. u.a. (2010): *Steigert Kaugummikauen das kognitive Leistungsvermögen? Zwei Experimente der besonderen Art.* In: Zeitschrift für Pädagogische Psychologie, Bd. 24/1, S. 39–49.